酒場の君

武塙麻衣子

書肆侃侃房

酒場の君

武塙麻衣子

はじめに

この世の中に存在する「酒場」は数知れない。本を読んでも読んでも決して読み尽くせないのと同じように、毎日どんなに食べ歩いたとしてもすべての店を訪れ尽くすことは到底できない。でもだから楽しいのだと思っている。私には私だけの酒場白地図というものが頭の中にあり、好きなお店や何度も行きたいお店、行ってみたいお店などを日々その地図に少しずつ書き込んでいく。その作業が楽しい。夜ごと（というか日ごと）酒場に現れるすべての人は、サイズや細かさや好みは違っても皆それぞれこの白地図を持っているんじゃないかなと思う。

「一人で初めての居酒屋に入るのって怖くないですか」

と時々聞かれることがある。今でも初めてのお店（しかも年季が入っていて大将の表情はぐっと厳しい）に入る時はさすがに少し緊張するけれど、一つなんとなく決めていることがあって、まずはそのお店の口開けの時間に行ってみるということ。開店してすぐのお

店というのは、意外とどこも優しい。もしも私が腰かけようとしたところが都合の悪い席ならば、

「悪いんだけど、そこは常連さんの席だから空けておいてくれる？　他はどこに座ってもいいよ」

ときちんと声をかけてもらえるし、もちろん、

「どこでもどうぞ」

という場合もある。そういう時はなるべく入口の近く、カウンターの中の大将または女将からそう離れていないところを選ぶ。客のこちらも初めてのお店で緊張しているけれど、あちらだって「このご新規さんはどんな客かな」と思うだろうから、入って行ったこちら側が先に自分をさらけ出し「こんな人間です」と見ておいてもらえる方がいいのではないか、と思う。とはいえ、べらべら喋る必要はまったくない。

「お飲み物は」

と聞かれたら、私は大体
「瓶ビールを」

と答える。そんなに飲めなさそうな日（ほぼない）は、レモンサワーでも酎ハイでもバ

イスサワーでも緑茶割りでもいい。あまりお酒の気分でなければ（そんなこと本当に滅多にないけれど）「薄めに」とお願いすることもある。そして運んでもらったら、会釈して受け取る。難しくない。

「ご注文は」

と聞かれれば、私は大体まず二つ。本日のおすすめが書かれた黒板や短冊を見てそこから一品。食べてみたいお刺身があれば一品。それで様子を見る。ここはお店を開けてすぐに串や揚げ物を注文してもいいのかな、と他のお客さんの注文の様子を窺うこともある。料理を待っている間は持ってきた文庫本をカウンターの上にそっと出しておく。読んでもいいし、読まずに店内を眺めていてもいい。でもとにかく本を置いておけばとりあえずとても安心する。ページを開けば一瞬で馴染み深い世界だ。安心。音楽は流れているかなとかテレビはついているかなとか、壁に貼られたメニューを端から読んだりしている内に、注文した初めの料理が運ばれてくる。料理の写真は撮っても良さそうだったら撮るし、そうしないこともある。

「いただきます」

一言小声で言うと、あとは急に気が楽になるのがいつも不思議だ。食べ始めてしまえばあとは大体にやにやしているのでタイミングがあってお店の人に「美味しいです」と言えそうならば、にやにやしながら言うし、言えなくてもまあいいやと結局にやにや一人で頷いている。初めてのお店では大体そういう感じ。特に怖くない。大丈夫、酒場の君は疎まれたりなどしないのだ。

そうして飲み物のお代わりをしたり何か料理を追加したりしてしばらく時間を過ごしている内に「あ、かーえろ」という気持ちがふいに胸にやってくるのでそうしたら長居せずにさっとお金を払ってお辞儀をし、お店を後にする。家に帰って猫たちとユークに今日の報告をして、ああ、美味しかったともう一度しみじみ思う。白地図がまた少し進化した。

お品書き

装幀　有山達也
装画　村上テツヤ

酒場の君

ジンギスカン どぅ〜［武蔵小杉］

初めてどぅ〜に行った時、一口食べたラム肉があまりに甘くて柔らかいのでこれはユークにも食べさせてあげたいと思い、帰宅してすぐに次の予約の電話をかけた。「すみません、三週間前からの予約を受け付けておりますので明日もう一度お電話をいただけますか」とのことだった。

「わかりました。では、明日また」

帰宅途中、雨に降られて髪もかばんもあちこち濡れてしまい、体中から中途半端にもわりと煙の匂いが立ち上っていたけれど、そんなことはまったく気にならず、猫たちがくんくん匂いを嗅ぐのにまかせて私は手帳にジンギスカンと大きくメモした。翌日、無事に九月三日の予約を取る。「昨日はごちそうさまでした」とスマホで話しながら深々と頭を下げた。

ユークは羊肉があまり得意ではない。実は私も大好きというわけではない。「でも騙されたと思って一回食べてみて」と言って二人で武蔵小杉の駅に降りた。高層マンションが立ち並び、おしゃれなカフェエリアなども増えた辺りを横目に、まだオープン前のどぅ〜の暖簾の写真を撮ってからいったん通り過ぎ、煙草屋（何時でも関係なく絶対に何人かがそこにたむろして煙草を吸っている。酔っていても酔っていなくても座り込んだり壁によりかかったりしながら皆ぼんやり煙を吐いている）や、くろちゃん、割烹こすぎの前を歩きながら「ここでは時々焼き鳥を食べる」とか「割烹こすぎの瓶ビールは赤星」など解説する。ぐるりと通りを一周してからどぅ〜へ。前回と同じ壁際の席に通され、さっそくラムタタキと瓶ビール、レモンサワーを注文してメニューを開く。「このチャックロール網焼きを食べよう。ネギ塩焼きにもできるよ。とりあえず二人前。それからお肉をお代わりしてもいいし、ジンギスカンに移ってそっちでソーセージ盛り合わせとかも注文できるんだよ」説明を聞きながらユークは一通りメニューを眺め、ふんふんと頷いたあと「チャックンロール？　あと、僕はご飯も食べたい」と言った。「ン」はいらないのだけれど。口にする時、どうしてもチャックンロールと言いたくなってしまうのは皆、同じなんだなと思った。私も前回言った。チャックロールというのは肩ロースのこと。ラムは生後十二か月未満の子羊の肉で、生後一年を超えたマトンよりも柔らかく臭みも少ないと言われている。運ばれてきたラムタタキを柚子胡椒でぺろりと食べ、その後のチャックロール二人前ものすごい勢いで焼いてしまった。「レアでいけます」という店員さんの説明ににっこりしながらさくさくと肉をひっくり返すユーク。柔らかくて甘いチャックロールに塩をぱらぱらと振ってあっという間に食べた。網焼きのタンもあるのだけれど、今回はそちらはパスして、もうジンギスカン鍋を載せてもらう。私はこの鍋の丸い縁のところでじっくりとにんじんやねぎを焼くのが好きで、自分の陣地ににんじんやねぎをじりじりと集めて寄せてきてじっと見ていた。

「ジンギスカンのお肉も塩で食べてもいいくらいだなぁ。美味しいなぁ」

感心しながらユークはご飯を受け取り、私はレモンサワーの二杯めを飲んだ。骨付きハムとお肉のお代わりを注文し「骨と肉の境目の白いあたりがぷくぷくしてきたら食べ頃です」という店員さんの説明に頷いて、それは泡が出てくるということだろうかそれとも肉自体が膨れるのだろうかとこちらもじっと見ていたら本当にぷくぷくっとしたので、急いでトングでつかんでお皿に載せて食べた。すべて食べ終わり、お会計を済ませてお店を出る時に店員の女性が、声をかけてくれた。

「お姉さん、この前も来てくださいましたよね。同じ席で」

「美味しくてすぐまた来ちゃいました。多分すぐまた来ます」

お辞儀をして、店を後にした。体中もくもくと美味しい匂いに包まれてユークと二人で電車に乗る。いつもの立ち飲み屋に寄ってレモンサワーを一杯飲んで帰ろうと話した。

大衆酒蔵 栄屋〔安善〕

数日前の夕方、ふと思い立ってあるお店に電話をかけた。場所は鶴見から鶴見線に乗って五駅先の安善というところにあるこじんまりとした居酒屋だ。

「はいはい。うちね、まだ今年はさんまはやっていないんだけど」と電話に出たマスターが言う。栄屋はさんまのまんまというさんまのお寿司でとても有名なのだ。

「そうですか。でも大将のなめろうが食べたいので行っていいですか」

「あぁ、わかった。武塙さんか」マスターが受話器の向こうでくすりと笑ったのがわかった。栄屋にはまだ三度しか行ったことがないのだけれど、いつも一人でカウンターのはじっこににやにやしながら座り「なめろうをください」ときっぱり言う（あまつさえ「もう一皿ください」とおかわりをしたことまである）のでちょっと変なその注文のせいかマスターの記憶に残ったらしい。

予約していた十七時十五分に間に合うよう、鶴見線を降りると、駅前にはほてい屋酒店という角打ちがあり、そこもいつか入ってみたい。電車を待つ仕事帰りの人々がピンク色の外壁の下に並べられたビールケースを椅子にして座り、缶ビールや酎ハイを煽るように、もしくはちびりちびりと飲んでいてすごく気持ちよさそうだ。そこからほんの少し歩いたところに栄屋はある。

「こんばんは」

暖簾をくぐると、

「いらっしゃい。はい、こちらにどうぞ」

とカウンターの端に案内された。カウンターに置いてあった袋入りのおしぼりをちらりと厨房から見たマスターが、言葉少なに言う。

「新しいのを」

「はいはい、どうぞ。お飲み物はどうしましょうか」

女将さんが冷たいおしぼりの袋を手渡してくれた。

「日本酒を一合ください」

壁に貼られたお品書きを見ながら言うと、

「熱燗？」

そう聞かれ、少し考えていると奥からまたマスターが

「常温かな」

と声をかけてくれた。せっかくなのでそうさせてもらう。頷くと、マスターと女将さんがにっこりと笑った。

「新しい瓶、開けよう」という声がして、しばらくすると両関とおちょこが運ばれてきた。今日のお通しはごぼうのきんぴら。「いただきます」と頭をさげて、少しずつ食べる。すぐに厨房の中からリズミカルなトントントンという音が聞こえてきた。あれは私のなめろうだ。大将の作るなめろうはかなり細かく刻まれていてむっちりと光り、信じられないほど美味しい。以前「酢で食べるのも美味しいですよ。千葉の方の食べ方なんだけど」とマスターが教えてくれて、その時は鰯のなめろうを食べていたのだけれど、それ以来、お酢がすっかり気に入ってしまい鯵のなめろうもお酢で食べるようになった。さっぱりとした風味が、魚のもちもちとした柔らかさを引き立てる。

「奥の栄屋っていう酒屋さんがもとでね、昔はその二階で宴会とかもあったよね」

懐かしそうに同じカウンターに腰掛けていた三人の常連さんが話し出し、唐揚げと小ビールに切り替えた私に向かって「良かったら、これもどうですか」と九耀の大瓶を持ち上げて見せてくれた。「ほら、ここに×2って白く書いてあるでしょ。あと二本あるの。どんどんボトル入れてるんですよ」常連さんはそう言って、「ロック？　水割り？」と新しいグラスを取り出してくれた。

「ありがとうございます。じゃあご相伴に預かります、水割りを薄めにください」

「はいはい」

三人の常連さんたちは一人が氷を入れ、一人がボトルから九耀をどぼどぼと注ぎ、もう一人が「薄めですってよ」と言いながらお水を入れてマドラーでくるくるかき混ぜてから、渡してくれた。なんてさらさらと進む息の合った共同作業。「いただきます」と乾杯して、唐揚げにタルタルソースを載せる。なんだかスモーキーだな、卵を燻してあるんだろうかと思って噛んでいると、マスターが作業台からひょいっと顔を出した。

「それね、いぶりがっこ。どう？」

「ああ、だから香ばしいんですね。美味しいです」

そう答えると、マスターはするするとまた奥のほうへ消えていった。肉を揚げたり、魚を切ったりと忙しそうだ。お腹がいっぱいになったので、〆にかぼすうどんを麺少なめで作ってもらった。壁には、鶴見行きの電車の手書きの時刻表が貼ってあり、それを見ていると「また来てくださいね」と声をかけられた。振り向くと常連さんも女将さんもカウンターの奥に座っていた二人のお客さんもみんなこちらを見ている。はいと答えてうどんを食べ、少しだけ残してあった日本酒を一気に流し込んで席を立った。たった一時間座って飲み食いしていただけだというのに、ずいぶんリラックスした気持ちになった。がらりと戸を開けると、目の前にある駅のホームには家路に向かう人々が増え、空はまだ少しぼんやりと明るいようだった。

源兵衛［早稲田］

西早稲田のＮＥＮＯｉ（二〇二三年三月末に閉店）に『驟雨とビール』の納品に行くことになった。夏の間はどうしても暑さに勝てず、納品はすべて発送にしていたけれど、本当は直接書店に出向く方が断然面白い。今回は予約していた高野秀行『語学の天才まで1億光年』とよしもとばなな『私と街たち（ほぼ自伝）』を受け取った。ＮＥＮＯｉから西早稲田の駅へ行く時はいつもなら住宅街を抜けて、洋菓子店のパティスリーマーブでシナモンのクッキーを買うことにしているのだけれど、せっかくだから、と表の通りから帰ることにした。気になる焼き鳥屋さんが一軒ある。源兵衛の入口の白い看板には「やき鳥、シューマイ、天鷹」の文字がきりりと並び、入口の縄暖簾をくぐると自然と背筋がのびた。がらりと戸を開ける。

「こんにちは」

声をかけると、テーブル席に座っていた女将さんがさっと立ち上がり、

「はい、どうぞ」

とカウンターの椅子を勧めてくれた。まだ十六時になったばかりだったので本当はもう少し休憩時間だったのかもしれない。パックのコーヒー牛乳をどこかにしまっていた。

「お飲み物はなんにしましょう」

声をかけていただき、壁に貼られたメニューをざっと見る。「ありがとう源兵衛さん」と大きく印刷された提灯がメニューの横に飾られていて常連さんに長く愛されている店なんだろうなぁと思いながら、ウーロンハイとシューマイと焼き鳥のつくねと鶏皮をお願いした。

「はい」

女将さんは大きな蒸籠を用意し、次に手際よくウーロンハイを作ってことんとカウンターに置く。私はウーロンハイをちびちび飲みながら、少しずつ背中を伸ばしたり丸めたり足を組んだりまた戻したりした。ここに、私はしゅるりと馴染めるだろうか。きちんと磨かれたカウンターや清潔そうな水回り、大きな蒸籠と湯気。串打ちされて行儀良くケースに並ぶ冷たい肉たち。酒場で一番大切なことはその場所に馴染みきることだと私は思っていて、目立たず邪魔せずもとからその場所にあったみたいな（大きな古い時計とかどこかの電気会社のカレンダーとか）そういうものになれはしないかと、私はいつもぞもぞ変な動きをしてしまう。

「はい、お待たせしました」

運ばれてきたシューマイは大きく、皮がぷりぷりとあちこちからはみだしていた。ぎゅっと詰まった肉とたまねぎの甘みが美味しい。からしをつけて熱いうちにどんどん頬張り、あっという間に三つ食べてしまった。焼き鳥には、皮にもつくねにもぽこんと一つねぎが入っていた。壁の端に飴色になった板を見つけ、目をこらして読んでみると「毎月三日十三日二十三日定休日」と書かれている。

「定休日、曜日ごとじゃないんですね」

思わず聞くと、

「そうなの。間違えないでまた来てね」

女将さんがにっこり笑った。

臼屋食堂［大倉山（閉店）］

十月だというのに昼間はまだまだ暑い。午前中、出来上がった日記ZINEを書店に発送するため郵便局へ箱やレターパックを山ほど運び、日射しの強さにげんなりして帰宅し、そのまま一気にカレーを作った。ベランダで唐辛子と一緒に朝から一時間ほど干しておいた舞茸も今日は入れてみる。きゅうりをしぼり、ミョウガとわかめと生姜と一緒にすし酢で和え、きくらげはごま油と塩で炒めて少し醬油を垂らしてから辣油で和えた。洗い物を終え、仕事の資料をソファで見ている内にいつの間にか眠ってしまった。夕方、洗濯物を取り込もうとベランダに出ると風が涼しくて良い匂いがしたので、図書館で返却ついでに予約していた本も受け取ってこようと思いつき、出かける。ここ三か月くらいはそんな風にさっと家を出ることなど皆無でひたすら暑さを避けてこもりきりだったので、身軽な自分が自分ではないようで照れくさくなってしまう。図書館までの道は、アパートの入口に植えられたコスモスを数え、好きな家の出窓に今日も猫が座っているのを確認し、スマホのアプリでピクミンと一緒に花を植えながらのんびり歩いて行った。ところが到着した図書館はなんと休館日。入口のベンチには小学生たちが座っていたので、まさか開いていないとは思わなかった。「別に休館日って知っていたけど、これを返さなくちゃいけなかったら来ただけ。がっかりなんてしてないし」という表情の演技を誰が見ているわけでもないのに一人でしながら動揺を隠す。本当は、予約していた藤本和子『ペルーからきた私の娘』を受け取るのをとても楽しみにしていた。そして、それを読みながら一杯やろうと思っていたので、十七時。この辺りの飲み屋に灯りがともるちょうどよい時間を選んだのだ。私は、今度はピクミンをおつかいに出しながら（果物や苗を持って帰ってきてくれる）大通りを歩き、少し遠回りした先にある蕎麦屋まで歩いて行ったけれど、なんとそちらも定休日。なんだかうまくいかない。ため息をついて商店街の路地を一本曲がったところにある臼屋食堂の戸を開けた。四人がけのテーブル席が五つほどあり、一つを除いてすべて一人客で埋まっている。店員さんに、

「畳の席にします？」

　と聞かれて一瞬迷った。臼屋食堂の奥は、海の家みたいにぐっと広い畳敷きになっていて、とてもくつろげるのだけれど、靴を脱ぐのが面倒だった。

「すみません。今日は一杯だけなので、テーブルで」

最後のテーブル席に座らせてもらう。先客の皆さんは、それぞれ壁のテレビを見上げたり、スマホを見たり、運ばれてきたばかりのビールを飲んだりしている。私は、壁に貼られたメニューをしばらく眺めてから片手をあげ、注文した。

「レモンサワーと、茄子フライをお願いします」

ちくわの磯辺揚げとアジフライと鶏の唐揚げと茄子フライで迷ってしまって決められなかったので、口を開いた時に自動的に出てくるものにしようと思ったらそれが茄子フライだった。そういうことは時々ある。レモンサワーのあとすぐに銀色の網つきバットに載って運ばれてきた茄子フライは、おおぶりの茄子を豪快に四つ割りにしたもので、まだじゅわじゅわと音を立てていた。一体いくつになったら揚げ物を前にした時、どっしりと構えられるようになるのだろう。いつも慌ててしまって塩かソースか醤油かでもあたふたし、かぶりつく一口が大きすぎて、最初から上顎を火傷する。まず「いただきます」と手を合わせ、塩をぱらりと振って一度深呼吸をしてから食べた。さくさくの衣の下から熱い油が一気に溢れ出て、茄子はえらいなぁと思う。ユークが茄子のパスタを作ってくれる時も、茄子がたっぷりと油を吸い込んでじゅわっとするのが大好きなので、時々ネットで茄子のレシピを検索していて「油の吸いすぎを防ぐ！」などと書かれていると「なんてことだ」

と頭を抱えたくなる。フライがあまりに美味しいのでレモンサワーもぐいぐい進み、あっという間に二切れを食べてしまい、慌ててテーブルに備え付けられていたソースと小袋のからしに手をのばした。唐辛子やわさびは昔から好きだけれど、和からしはなかなか楽しめるようにならず、肉まんもとんかつもおでんもからしはつけないで長いこと食べてきたのに、気付くといつの間にかからしが大好きになっていた。味覚が変わるというのは、面白いことだなと思う。年をとるにつれての味蕾の減少のせいだと言われてしまえばそれまでなのだけれど、好きではなかったものを美味しく感じることが、味覚の衰えと考えるのは少し寂しい。何かを食べて美味しいと感じることは、記憶の積み重ねだ。いつどこで何をどんな気持ちで食べたのか、具体的なことは忘れてしまうとしても、頭の片隅に「美味しい」を一つずつ丁寧にしまっていきたい。そんなことを思っている内に、茄子フライを食べ終え、グラスも空になってしまったので、今日はお会計することにした。

立呑み晩杯屋［鶴見］

ユークが出張でいない日はどこに飲みに行こうかということばかり考え、朝からずっとそわそわしている。「大森まで煮込みを食べに行くのはどうだろう」とか「いやいや、せっかくなら十四時から川崎の立ち飲み天下で湯豆腐を食べて元祖立ち飲み屋に行って最後に鶴見に出るのもいいいな」「ん？　でもやっぱり十六時少し前から気合いをいれて鶴見川橋もつ肉店に並ぶべきか」「いっそ十二時から野毛か？」などひたすら考えて一人でにやにやしてしまう。さんざん迷った結果、今日は十五時過ぎに鶴見の晩杯屋から始めることにした。鶴見に晩杯屋があると知ったのはつい最近のことで、グーグルマップでぼーっと鶴見を見ていたらたまたま晩杯屋を発見したのだ（私の趣味はグーグルマップをひたすら眺め、小道を隅々までチェックして居酒屋や定食屋や中華料理屋などを見つけることだ）。以前は、大井町で劇団四季の『ＣＡＴＳ』観劇後に東小路飲食店街の晩杯屋に直行し、とりあえず一杯飲んで『ＣＡＴＳ』の余韻を一人で楽しんでいたのだけれど、東京公演が終了して、あまり大井町へ行かなくなってしまった。好きなお店はたくさんあるのだけれど、駅や通りの至る所に貼られていた『CATS』のポスターがもうないのが寂しい。そんな理由で晩杯屋からも少し足が遠のいていたけれど、鶴見にあるのなら行きたいと思い、バスに乗った。十五時のオープンちょうどには遅れてしまったので、西口のロータリーでバスを降りた後はもう混んでいるかもしれない、とつい足早になる。鶴見は不思議な街だ。角を曲がれば風俗店がひょいっと現れるその向かい側に古くからの美味しいお店がきりりと並んでいたりする。細い道を曲がればまだまだ知らない場所がある。少し緊張しながら晩杯屋の入口を入ると、中にはカップルが一組だけ、午後のドラマの再放送を見上げているところだった。

「いらっしゃいませ！」

カウンターに通してもらい、肩がけのかばんを荷物置きの台にしまう。レモンサワーをください、と声をかけてから、テーブルに置かれた注文票に黒こしょうメンマと舞茸の天ぷらと書いて厨房のお兄さんに渡した。私はこの晩杯屋の注文票が好きだ。書いて渡すというのはなんだかとても自由な気がする。一人で来ている時なら、舞茸の天ぷらを三皿一気に頼んだっていいのだ。塩で食べても醤油をかけてもなんだったら辛いソースをもらってどばどばかけてもいい。好きなものばかりを延々食べていてもいいんだ、ということが一人で食べる時の何よりの開放感で、注文票を見るとわくわくしてしまう。まだ実際にそれをしたことはないけれど。隣に一人のお客さんが来て、前回のレシートをそっとカウンターの上に置いて質問するのが聞こえた。

「今日はなに?」

お姉さんがレシートを受け取りながら元気よく答える。

「さといもとイカの煮物です」

「いいね、じゃあそれと、熱燗。あとアジフライをちょうだい」

隣のおじさんは言った。晩杯屋のレシートには、一か月以内の来店時に何か一品サービスという印字がしてある。さといもとイカの煮物が一品サービスなんてなんだかいいなあと思った。レモンサワーを一口すすり、今日持ってきた本を開いた。千葉雅也の『アメリカ紀行』だ。

立ち飲み しろちゃん［鶴見］

今日は、しろちゃんに行こうと決めていた。十六時に立ち飲み しろちゃんがオープンするその時に、大将が入口に暖簾を掛けた途端に「どうも」と挨拶をしてするっと中に入り込みたい日というのがある。

立ち飲み しろちゃんは、鶴見の駅からとても近い。東口のエスカレーターを降りてわざわざぐるりとドトールやサーティーワンアイスクリームを回り込まなくても、少し離れたところにある人の少ない階段を降りると実はすぐにしろちゃんに着くのである。鶴見で飲む時は、ぐるぐる歩きながら近道や面白そうな道をいつも探している。そういうわけで今日も駅から最短で立ち飲み しろちゃんまでやってきて、お店の前でにやにや本を読んで待っていた。今日の一冊は小池真理子の『追いつめられて』。子どもの頃、大人はみんな小池真理子の小説に出てくるみたいに、とりかえしのつかないミスを犯して、ある日突然ぽっかりと大きな暗い穴に落ちてしまうものだと思っていたから、自分が成長して、どうやら大人が皆、恐ろしいことに巻き込まれるわけではなさそうだということがわかって安心し、それで時々、小池真理子の古い短編小説を読んでいる。昼間の底抜けに明るい居酒屋で、ビールとかレモンサワーとかホッピーと一緒にやっとこのうっすらと恐ろしい物語を楽しむことができるようになった。

「何にしましょうか」

と声をかけてもらい、豆乳ハイにした。串を何本か食べようかなと思いながら、厨房内のボードに手書きされた今日のおすすめを見ると「自家製！　アジのさつま揚げ」とある。これにしようと、カウンターに身を乗り出した。

「味はついているのでお好みでレモンを搾ってどうぞ」

運ばれてきたさつま揚げからはよく叩いたアジの断片がところどころきらりと光って見えてにんじんなども入り、とても美味しそうだった。急いで割り箸を手にとり、一口食べて、にやりとする。美味しい。これは三切れでは足りない。もっと食べたい。もう一皿。そう思った時、少し離れたところにいた常連らしき男性が帰り支度をしながら大将にこう言ったのが聞こえた。

「今日、アジのさつま揚げが一番美味しかったなぁ」

私は、我慢できずに横を向き、話しかけた。

「これ、ものすごく美味しいですね」

「ねぇ」

常連さんが笑い、大将が、

「良かったなぁ。なめろうにしようかとも思ったんだけど、頑張ってさつま揚げにして良かったです」

と頷いた時、入口付近の別のお客さんから声がかかった。

「すみません、こっちもアジのさつま揚げください！」

その瞬間「ああ、だめだ。一人で何皿もお代わりなんてしてはいけない。もっともっとたくさんの人にこれを食べて欲しい」という不思議におおらかな優しい気分に包まれ、私はさっと片手をあげた。

「すみません。お手すきの時に焼きそばをお願いします」

ハムカツ トモちゃん［野毛］

ハムカツトモちゃんの店舗が入っているビルは、はっきり言ってかなり怪しい。入口も暗いし、昼の十五時に階段を上がっていっても左奥のトモちゃんの店以外はどこもみんな営業前でなぜなら飲食店というよりはカラオケとかガールズバーとかそういう類いのオープン時間がそもそももっとずっと遅いお店が並んでいるから。覗こうにも扉はしっかり閉ざされて窓からも中が見えないので良くわからない。トモちゃんの女将さんはせっせとりんごの箱をお店の入口に積み上げていた。

「こんにちは。もういいですか？」

声をかけると

「はいはい、中に座っててていいよ。買い物してくるからちょっと待ってて。今日はね、赤いりんごがたくさんあるよ」

そう言って、女将さんは忙しそうにばたばたと左端の階段を降りていった。トモちゃんに来たのは三年ぶりくらいで、たぶん女将さんは私のことは覚えていないはずだけど、こんなにフレンドリーにお店の中に誰だか知らない人を入れてしまっていいんだろうか、オープン前なのに。私はカウンターの端の席に座り、壁のテレビから大きな音で流れ続ける通販番組をぼんやりと見ていた。酵素だとか髪の毛が生える薬とか、膝の痛みをなくす錠剤だとか。今すぐ欲しくはならないけれど、見ているとなぜか親近感がどんどん湧いてくる。酒屋さんが、段ボール箱を持ってきた。

「こんにちは」

「こんにちは。今、女将さんは買い物に行ってます」

そう言うと、彼は頷き、慣れた様子でひょいひょいと店の中に入ってきて箱をおろした。日常的にそうしているようだった。間もなく女将さんが袋をたくさんぶらさげて戻ってきた。

「りんご、すごく目に良いの」

目をぱちぱちさせながら女将さんが言うので、注文してみることにした。

「じゃありんごのサワーとハムカツをください」

頷いて、

「じゃあまずグリコね」

　そう言うと、女将さんは枝豆とアボカドのマヨネーズ焼きを出してくれた。ここでいうグリコというのは多分、お通しのようなことなのだろうと思っているのだけれど確認したことはまだない。りんごをジューサーにかける音がしばらく続き、「はい、お待たせ」と太いストローの刺さった赤い飲み物が出てきた。

「中まで赤いりんご。目にすごく良いの」

　彼女は繰り返す。一口飲むと、お酒は強いけれど、子どもの頃、風邪を引いた時に母が作ってくれて飲んだりんごのすりおろしのような味がした。

「はい、それじゃハムカツ。キッシュとチキンつき」

　ものすごいボリュームの一皿がどんとカウンターの上に置かれ、驚きながらそういえばそうだった、と思い出す。チキンなんてクリスマスに食べるみたいな骨付きもも肉がどんと一本だ。なんだかわからないけれど食べ物がどんどん出てきてそしてそれが不思議と美味しいのがトモちゃんなのだった。

「いただきます」

　頭を下げて、私はがつがつとその不思議な料理を食べ始めた。

もつ焼き 小江戸 ［青砥］

天気が良く、川沿いの道から空を見ると見事に真っ青で眩しかった。小学校から聞こえてくる子供たちの歓声に背中を押されるように中川沿いを進む。十六時半のオープン少し前にもつ焼き 小江戸に到着し、二階まで階段を上がると、意外にも並んでいる人はいなかった。awesome today で購入したばかりの水沢そら『ちゃっくん』を待ちきれずに開きながら壁に寄りかかって少しだけ待つ。

「それじゃあオープンします」

「はぁい！」

元気の良い声が中から聞こえ、ドアがすっと開いた。

「お待たせしました。いらっしゃいませ。お好きな席にどうぞ」

奥までずらっと続く長いカウンター席のどこに座ったらいいか迷ってしまって入口のすぐ横を選ぼうとしたら、女性の店員さんがにこやかに声をかけてくださった。

「あら、もっと真ん中にどうぞ」

それじゃあ、と真ん中あたりの壁のメニューがよく見える席に落ち着いた。

「今のお時間、生ビール半額ですよ」

とのことで、迷ったけれど今日は一杯だけの予定なので（そういう日もごくたまに、時々はある）小江戸ハイボールを。

「氷、入れてもいいですか」

「いえ、無しで」

答えようとして、今日は酔っぱらわずに帰ると決めたんだったと思い出し、入れていただくことにした。焼酎ハイボールは美味しくてつい飲み過ぎてぺろりと酔っぱらってしまう。すぐにグラスの縁までたっぷりのきりっと冷たい一杯が運ばれてきた。すっきりと爽やかで色が濃い。食べ物はものすごく迷って煮込みとモツ焼きのシロ、かしらをたれで。こちらもすぐに運ばれてきた煮込みは、白味噌仕立てでにんにくが利いていた。むにむにと美味しいシロをにやにやしながら食べていると、モツ焼きもやってきた。こちらのシロはかりっと焼き上がっている部分が美味しくたれの濃さも好き。ボリュームのあるかしらの一番下にはアブラがついていて、噛みしめるとじゅわっと口の中に甘みが広がり、嬉しさのあまり思わず目頭をおさえてしまい、人ってわさびが利いた時以外でも本当にここをおさえるんだなぁと感心した。メニューを見ると美味しそうな魚もたくさんあり、一瞬お代わりを考えたけれど、今日はこのまま帰ることにした。楽しみができた、と思ってまた青砥に来ればいい。

「ごちそうさまでした」

と頭を下げ、階段を降りた。駅までの道を歩きながら、美味しい匂いがあちこちから漂い始めたことに気付く。

元祖立ち飲み屋［川崎］

映画館を出て、腕時計を見ると元祖立ち飲み屋がオープンするちょうど五分前だった。混雑するJR川崎駅の改札前を小走りで抜け、アトレの前のエスカレーターに乗るのももどかしく階段を降り、通りを渡ってお店に到着すると前には二人のお客さん。ちょうど戸が開き、大将が、「毎度」とか「いらっしゃい」と入口で声をかけ、奥の店員さんがてきぱきとおしぼりをテーブルに置きながら、順に席を割り振ってくれるのを眺める。何度見ても気持ちの良いさばき方で、開店と同時に入店してこれを見るのが楽しくて好きだ。でもぼーっと眺めていると、

「はい！　お飲み物は？」

とすぐに聞かれるので、そこでまごつかないようにここでの一杯めはまずほうじ茶割りと決めているけれど、周りの常連さんは圧倒的に「ホッピーセットの白・金宮」を注文する人が多く、いつかは私も流れに乗ってしれっとそう言ってみようと思っている。でもほうじ茶割りはとても美味しい。今日は絶対にカレイの唐揚げと決めていたので、食べ物の

注文もすぐにできた。しかし周りからは「まぐろ」「こっちもまぐろで」という声が次々聞こえてきて「今日はまぐろの気持ちではないですから」という顔をしていたけれど、気になって仕方ないのでまぐろがあちこちの席に運ばれていく度にちらちらと見ていた。すごく美味しそうだった。

「はい、カレイお待たせ！」

目の前に置かれたお皿にはからりと気持ちよく揚がった大ぶりの三切れとレモン、大根おろし。カウンターの隣の男性の前に置かれた醤油と七味に「ちょっと失礼します」と手を伸ばして取り、大根おろしにまわしかけて、また腕を伸ばし、戻す。レモンを絞るのもそこそこにかぶりついたカレイの唐揚げはじゅわっと美味しく、私はあっという間に一切れを食べ終えてしまった。静かな店内の壁のテレビでは夕方のニュースが流れる。悲惨な交通事故の一報の直後の大安売りのスーパーの話題はなんだか作り話みたいな不思議さがあって目が離せない。お客さんたちはみんな黙ってテレビを見上げ、この切り替わりの早さの途中にまるで上手な息継ぎのようにお酒や食べ物を次々口に放り込んでいく。

お会計をお願いすると、大将が、声をかけてくれた。

「書いてる？」

小さく頷いた。書いていますと答えるのは少し照れくさいけれど、

「頑張ってね」

と言ってもらえるのはとても嬉しい。

地酒・立ち呑み 酒母や［野毛］

「こんにちは」

と声をかけると、

「あら、どうも。こんにちは」

女性の店員さん二人がにこにこ迎え入れてくれる。酒母やは、日本酒がメインの立ち飲み屋だ。野毛の賑やかな通りを歩いていると左手にひょいと立っている二階建てのこじんまりとした店で、レジで一枚三百円のコインを買って、それを日本酒のボトルの並んだ機械のコイン投入口に入れ、機械の上に並んでいるグラスを一つ取って蛇口の下に持っていってボタンを押す。三百円分のお酒がざーっと出てきておしまい。わかりやすく簡単で、お酒のボトルの近くにはそれぞれについて手書きの説明も貼ってあり、それを一つ一つ読んでいるとついついもう一杯、とコインを買い足してしまう。美味しいおつまみもある。いきなり日本酒はちょっと、という場合はビールもサワーもあるので、人を連れてまず一杯飲みに行くのにちょうど良いお店だ。飲み終えたグラスや小皿を適当にお盆に載せて下

の階まで運ぶと、

「いいのいいの、片付けなんて気にしないで。今度はそのまま置いておいてね」

さっとお盆を受け取って、店員さんがお店の外まで見送ってくれた。

「この前、教えてもらったお店行きました。すごく美味しかった」

と言うと、

「でしょう。私の好きな燻製・鴨・ビール全部が揃っているお店なの！」

ニコニコ笑い、またね、と手を振る。親戚の誰かと話しているみたいな気持ちにいつの間にかなっているお店はすごく良いお店だと思っている。

裏・酒場の君

お酒の飲み方が綺麗ですね、と褒めていただくことが稀にある。一、二杯と数品だけですっと席を立って帰るなんてかっこいいですと言われると、ええ、まあなどと答えながら実際は顔から火が出る思いをしている。それで本当に帰っていればよいのだけれど、実は一晩のうちにその「一、二杯と数品」というのを三、四軒とくり返してべろべろに酔っぱらうこともざらだからだ。一軒めの酒場が素晴らしく美味しくて雰囲気もよく、これは良いところを見つけたと上機嫌で店を出て

「今日はツイてる日だなぁ」

と思うとどうしてもそのまま帰ることができず、ついもう一軒を探してしまうのである。結果、どうやって家に帰ってきたのかちっとも覚えておらず、気付けば夜中の二時に脱いだコートを頭からかぶるようにして、電気のすべて消えたリビングのソファで倒れていたりする。

暗闇でうっすらと意識が戻ってきた。体を起こそうとすると、みゃあという声がしてお腹のあたりがごそごそ動いた。山椒がソファで寝っぱなしの私を心配してずっと付き添ってくれていたのた。暖房も消えた部屋の中でどうりで体が温かかったわけだ。

「ユークとエンゾは？」

腕時計はしているか、指輪をきちんとはめているかを手探りで確認する。なくしたことはないけれど、酔うと異様にそれらに触る癖があるのだ。耳たぶを触るとピアスは五つともなかった。こちらも記憶にはないけれど、帰宅して洗面所で手を洗った時に外したのだろう。コンタクトレンズが乾いてしまってうまく目が開かず、ぼんやりと床に置かれたバッグを確認する。財布も入っているだろう、多分。

「にゃ」

と山椒が鳴いた。

「ユーク、怒ってた？」

そんなことは知らないというように、山椒がソファから飛び降りると毛布が一緒にずるりと床に落ちた。ユークが寝室から持ってきてかけてくれたのだろう。拾おうとして起き上がると同時にソファの隣に置かれたりんご箱を蹴飛ばしてしまった。そこには私の読みかけや未読や読み終えた本がうんと積まれていて、蹴った勢いで何冊かがばさばさと床に落ちた。

「大丈夫？　何の音？」

寝室からユークが出てきた。その後ろにはエンゾがするりと立って冷ややかな目でこちらを見ている。裏切り者め、と心の中でつぶやいて肩をすくめる。

「本を落としちゃっただけ」

ユークはため息をつくとコップに水を注いでくれた。

「じろちゃんひどかったんだから。全然起きなくて床で座り込んじゃってすごく心配したんだよ」

「ごめんね」

実家で暮らしていた頃も、よく酔っぱらって帰ってきて、自分の部屋の床で朝まで丸まっていたので、私はきちんと帰宅さえできれば大したものだという感覚なのだが、ユークは決してそういう飲み方をしない人なので、本当に心底信じられないのだと思う。受け取った水をごくごく飲みながら、唐突に昔の職場の同僚のことを思い出した。その時、私たちはカナダにいて、夜はグループの皆でしこたま飲んでからホテルに戻り、翌日のランチの約束をしたのだが、彼女は予定の時間にロビーに降りてこなかった。五分前集合を当然としている人たちである。

「具合が悪いんでしょうか。部屋に電話してみましょうか」

心配になってそう話していると、エレベーターが開き、彼女が出てきた。

「ごめんなさい。お待たせして。昨日は飲み過ぎたわね。私ったら洗面所でバスタブに突っ伏したまま朝まで寝てたのよ。まだお湯を張っていなくてセーフだったし床暖房が入っていて本当に助かったわ！　そうでなければ凍死」

彼女はけろっとした顔でそう言うと、柔らかそうなストールを肩に巻いた。

「さあ！　ランチの予約って確かチャイニーズよね。ああ、喉が渇いた。青島ビールが飲みたい！」

行きましょうと彼女は言い、私たちは呆気にとられながら表に出て、タクシーに乗り込んだのだ。

そういう人たちが周りに山ほどいた面白い時間を二十代に過ごしたことが、私を大酒飲みにしたのである。しかし、まあそれは言い訳にはならないので外で楽しく飲んだ日はなるべくしゃきしゃき帰ってきてきちんとベッドで寝ようと、私はいつも本気で思っているのだ。

「気持ち悪くない？　もう大丈夫ね？」

そう言ってユークは寝室に戻っていった。やれやれ、と思いながら着ていた服を脱いでいると、エンゾがとことこと近づいてきて、ふんと鼻を鳴らした。

「ただいま」

頭をひと撫でするると、細い美しい尻尾でぴしりと膝を打たれた。

壱豚［鶴見］

同じ家に住んでいるのに外で待ち合わせをして出かけると少し楽しい。ユークはどの服を着て来るんだろう、とかお腹がすいてクッキーか何かをつまんだりせずにちゃんと我慢したのかな、とかいろいろ考えながらバスに乗る。鶴見駅で合流して向かった壱豚には一番乗りだった。ユークは興味深そうにまだ暖簾が内側に掛かっている店内を窓の外から覗いている。

「なんでも美味しいよ。でも量がすごいから覚悟して」

「最終的にカツサンド」

ユークが呪文のように呟いた。十七時になり、

「いらっしゃい」

マスターが勢いよく戸を開けた。

「奥にどうぞ」

と通してくれる。私はかばんからお菓子を取り出した。

「先日は、当日にキャンセルしてしまってすみませんでした」

「そんなそんな！　いいのに。ありがとう」

マスターは豪快に笑って受け取ってくれた。楽しみにしているファンが多い店なのにこちらの都合でキャンセルしてしまったので申し訳なくてずっと気になっていたのだった。

カウンター席に着き、厨房の壁に貼られた本日のメニューを見る。

「おつまみ盛り合わせ　刺身盛り　肉盛りプレート　白レバー刺身　ほうれん草のお浸し　ブロッコリーのからし和え　人参しりしり　里芋（煮物・唐揚げ）　むかご胡麻塩炒め　カリフラワーピクルス　煮大根かつ　カキのオイル漬け　たらこの煮付け　チーズオムレツ　わかさぎの南蛮漬け　豚タン塩焼き　鮭ハラス焼き　豚ロースグリル青唐醤油和え　ロールキャベツ　チーズハンバーグ　チョリソーピーマンチーズ春巻き　かつサンドビーフピーマンカレー」

ずらりと並んだメニューはとにかくどれも美味しそうで、けれど二人だけではこんなに食べきれるはずもなく、頭がいっぱいになってしまって事前に考え抜いてきた攻め方も最早役立ちそうになかった。

「生と、ホッピー白をください」

とだけ言い、後はあっという間にいっぱいになった店内の他のお客さんたちが一体何を食べようとしているのか様子を窺う。

「はい、お待たせ。食べ物お決まりですか」

飲み物を渡してくれたマスターに、慌てて言う。

「里芋の唐揚げ、煮大根カツと豚ロースグリル青唐辛子をとりあえず」

ユークとひそひそ相談した結果、今日はがっつりした肉ばかりを食べてみようということになった。ユークは昨日、実家でたっぷりとお刺身を食べてきたらしい。しばらくして運ばれてきた里芋の唐揚げはねっとりと美味しく、競争するように次々口に放り込むとあっという間になくなった。

「上顎、火傷した」

ユークが口をはふはふさせて言うので、お子様だなぁと思ったけれど、そっと舌で確認してみると私の上顎も見事にべろりと皮がむけていた。薄味でからしがよく合う煮大根カツと、青唐辛子がものすごく利いている豚ロースをぺろりと平らげ、ユークが
「次は、チーズハンバーグとかつサンドをください。あと生姜サワー」

と誇らしげに注文したのがおかしかった。

「ああ、美味しかった！」

がらりと戸を閉め、鶴見の駅まで歩きながら、

「もう一杯どこかで飲もう」

と私は言った。

春よし［大倉山（閉店）］

今日は蕎麦屋で飲むのだ、と決めて朝からとても楽しみにしていた店がなんと休みだった。夕方、一件用事があり、それが終わったら直行しようと決めて「蕎麦コロッケと！鴨きのこバターと！　板わさで！」と頭の中で二十回くらいくり返し続けていたので、用事を終えた途端にものすごい勢いでノートパソコンの電源を落とし、ダウンをひっつかんで本を抱え、とにかく小走りでいざお店の前にたどり着いてみたら見つけたのは「改装中のためしばらくお休み」の貼り紙。崩れ落ちそうになり、立ち直れないまま横断歩道をとぼとぼと渡って天ぷらを食べに来た。春よしは、いいお店だ。説明しがたいなんとも言えない良い空気の店なのだ。がらりと戸を開け、

「こんばんは」

と声をかけてもなかなか大将が現れず、おかしいなと思っていると

「おっ」

突然、奥の暖簾をめくって大将がひょいっと顔を出した。

「一人なんですがいいですか」

「うんうん、どこでもどうぞ」

頷いてもらったので、目の前の椅子に腰掛けた。瓶ビールを、と言いかけてぎりぎりのところで言い直した。

「生ビールをください」

以前、瓶ビールを注文しようとした時に、

「うちは生ビール、ちゃんと美味しいよ」

と大将が言っていたことをすんでのところで思い出したのだった。飲みに出かけた先でまず最初に一口飲んだ生ビールが美味しくなかった時のがっかり感には耐えられない。春よしの生ビールはちゃんと美味しい。看板の手書きメニューを眺める。

「天ぷらを一人前ください。あと卵焼き。生きくらげって天ぷら一人前の中に入ってますか？」

「あっ。きくらげ今日はないなぁ。買い忘れちゃったんですよ」

大将はそう言い、ちょっと待っててねと厨房に戻ってしばらくがさごそ音をさせてから、にんまりして戻ってきた。

「あった。ちょっとあったからそれ入れてあげる」

その後、運ばれてきた天ぷらは、ししとう、茄子、さつまいも、キス、海老ときくらげだった。どれもさっくりと仕上がっていて美味しい。電話が鳴り、大将は「はいはい」と言って手を拭きながら、電話をとった。

「え？　今どこ？　ン？　六人。無理無理無理。暇な時にもったいないけどもね。はいはい、悪いね」

大将の声を聞きながら、壁に貼られた加藤ジャンプさんのサインを眺めた。

「はーい。またね。またよろしく」

大将が電話を切ったので、

「ジャンプさん、来られたんですか」

サインを指しながら聞くと、

「そうなの」

と嬉しそうだった。羨ましかったのでサインの写真を撮らせてもらった。

「あとホッピー黒ください」

注文すると、

「後ろに栓抜きあるから自分で抜いてください」

と言われて、おっかなびっくり栓を抜く。私は栓抜きを使うのが下手なのだ。

「桜えび、あったから卵焼きに入れておいたよ。美味しいよ」

ことりとカウンターに置かれた卵焼きは、本当にとても美味しかった。こんばんは、と入ってきた常連のお客さんが、私が食べている卵焼きを見て、

「あ、私もそれ」

とすぐに言い、

「えーちょっと時間かかるよ」

などと答えながら、大将はにこにこと準備をするのだった。良いお店だなぁと思いながら、

「卵焼き、美味しいです」

と言うと、常連さんは笑った。

「でしょう」

彼女が羽織っていたグレーのコートを脱ぐと冬の街の匂いがふわりとした。

たかぎ山［鶴見］

たかぎ山に三人で行くというのは初めてのことで、しかも夕方からの雨予報に私は少し緊張していた。自分一人で行くなら少しくらい遠くても寒くても雨か雪が降り出したとしても大して困らないけれど、わざわざ都内から遊びにきてくれた友人たちを連れて行くのはできたら晴れた日が良かった。鶴見駅の改札で待ち合わせして、先に一軒別の立ち飲み屋に寄り、二杯ほど飲む。寒い日に温かい部屋で飲むビールはいいですねぇと笑った。ビールでリラックスして楽しく笑って飲んで喋っていたら、たかぎ山を予約した十七時をうっかり忘れていて慌てて立ち飲み屋を飛び出し、西口まで歩く。雨はまだ降り出していなかったのでほっとしながら、急ぎ足でたかぎ山へ向かった。

「こんばんは」

暖簾をくぐると、大将が、

「どうもお久しぶりです！」

大きな声をかけてくれる。たかぎ山は、何回来てもいつも美味しく、食べれば食べるほどもっと食べたくなる店だ。カウンター席の他のお客さんに少し詰めてもらい、三人着席。

「今日はまぐろ食べますか」

大将に聞かれると、友人たちは
「食べます！」

揃って良い返事をした。

「なめろうも食べます？　力士味噌で作ってます」

大将の言葉に
「ええ、食べます！」

とまた良い返事。この人たちは本当になんでも食べるのだ。もちろんまぐろもなめろうも食べるに決まっている。

「串は五本ずつでいいですか？」

聞かれて、私は頷いた。心の中では五本では足りないかもしれないと思いながら。

「あと低温調理のハラミユッケとレバ刺もください」

「かしこまりました！」

期待に満ち満ちた顔で店内を見回している友人たちを見ると嬉しくてつい私もにこにこ

してしまう。なんだか誇らしい気持ちになってくる。

「はい、どうぞ」

運ばれてきた料理がとんとんっとカウンターに並び、歓声と共にどんどん食べる私たち。遠慮してしまって一番には箸が付けられない、とかお皿に最後少しだけ残してしまう、とかそういうことが一切ない二人のことをどんどん好きになる。たかぎ山のなめろうは私も今回初めて食べた。お肉が入っていて味噌が甘くて美味しい。レモンサワーがぐいぐい進む。おまかせ串五本に舌鼓を打ち、それぞれレモンサワーのお代わりやコーヒー焼酎豆乳割り、日本酒などを飲み、鶏ガラ醤油牛スジちゃんこまで食べて、ふはーと息をついた後、隣で友人がきっぱりとこう言った。

「私、カレーライスも食べたいです」

なんて頼もしい人なんだろうと感動した。そして牛スジと牛ホルモンのカレーライスが運ばれてきた。私たちは、もちろんぺろりと食べた。

「そうだ、ＬＩＮＥの交換をしましょう」

友人が言い、私たちは「そうだ、そういえばずっとしそびれてましたよね」とおのおののスマホを取り出して、三人でＬＩＮＥを交換した。友人が作ったグループ名がよく飲んでよく食べる私たちにあまりにぴったりのものだったので、思わず吹き出しながらもとても楽しい気持ちになった。

麦酒宿まり花　道玄坂［渋谷］

大井町のまり花で食べたガパオ焼きおにぎりのことが長いこと忘れられずにいた。ある日、たまたま店の前を通りかかったら休業中の貼り紙があり、ひどくがっかりしたのを覚えている。ところがそのしばらくあとに渋谷の道玄坂を歩いていたら見覚えのある麦酒宿まり花という看板を見つけた。店名の横に並んでいる煮込み、やきとん、おでん、中華ガツ、春雨サラダ、パッタイ、クラフトビールという内容も字体も大井町と同じだった。十六時から営業しているという。日を改めて入ってみようとメモを取ってその日は帰宅した。

今月、渋谷のヒューマントラストシネマで、観たい映画が一本あり、それが十七時半から始まるのでその前に一杯どこかで飲もうかなと思って手帳を開くと「まり花」と書いてあり、そうだそうだ、と思い出してまり花に行くことにした。

地下への階段を降りると、奥には懐かしいカレー屋があり、手前の戸がまり花だった。十六時のオープンと共に予約を入れている一人客など誰もいなかったらしく、少し申し訳ないような気持ちになりながら、コの字になっているカウンターの端の席に座った。きびきびとコミュニケーションを取りながら、スタッフ全員がたった一人で十六時ちょうどに入ってきた客に注目しているのがわかる。「ああ、すみません、たくさん食べます、間違った注文をしませんように」と心の中で唱えてぎゅっと目をつぶった。

「いらっしゃいませ」

メニューを持ってきてくれた店員さんが、

「クラフトビールはお好きですか？」

と壁に書かれた今日のおすすめクラフトビールをざっと説明してくれたのでその中からラ・フランスビールを選ぶ。

「そちらはとても人気です。開けるとすぐに注文が続いてあっという間になくなってしまうビールなんですよ」

店員さんは微笑み、私は反対側の壁にかかっている今日のおすすめが書かれたホワイトボードをじっくり眺め、アボカドと蕪の和え物に決めた。ホワイトボードに書かれたメニューは他にレンコンのはさみ磯辺揚げやこはだのカルパッチョなどがあり、どれも気になったけれど、迷った時はおすすめ品の中でなるべくさっぱりした野菜を食べると決めている。なにしろ今日はあとに大本命のガパオ焼きおにぎりが控えているのだ。厨房からお

皿を運んできてくれた店員さんは、

「これ、ビールにすごく合いますよ。おすすめです」

一言添えて、彼もまたにっこりした。アボカドと蕪はたっぷりのわさび菜と和えられていてクミンが利いて食べ応えがあり、とても美味しかった。たっぷりとした金色のラ・フランスのビールは子どもの頃に飲んだジュースのような味がする。この際なので少しずつ色々食べてみようと、串のカシラとレバーと、おでんの白滝も注文し、最後にガパオごはんの焼きおにぎりを食べた。「これ、大井町のお店で食べた時にすごく美味しかったのでまた食べたかったんです」

と言うと、途中から「おはようございます」と爽やかな挨拶をしてお店に入ってきた女性の店員さんが「良かった！」と頷いた。

「わざわざ渋谷までいらしてくださったんですか？」

空いた皿を片付けながら、彼女が聞くので、真面目な顔で答えた。

「このあとゾンビ映画を観る予定なんです」

運ばれてきたこんもりと丸い焼きおにぎりの上にガパオのピリッと辛い肉味噌が載っている。肉味噌をくずしてしまわないようにそっとおにぎりのすみに箸を入れ、少しずつ食

べた。そうそう、ミントがちょこんと載ったこのすっぱ辛い味だった。ぺろりと食べ終え、

「もう一個食べたい」

と大井町のお店で呟いたことを思いだした。あの時はもう一つ食べたような気がする。

今日は一つだけにしておいた。

「ごちそうさまでした」

会計を済ませる頃には、壁側の席に他のお客さんも徐々に増え始め、表では渋谷の夜がもう始まっているようだった。会計を終えてかばんに財布をしまい、マフラーを巻いて階段を上がろうとすると、

「ゾンビ映画、楽しんできてください！」

店員さんが二人、笑ってドアから顔を出していた。

市民酒蔵　諸星［新子安］

みなとみらいで一本映画を観て、曇った寒空の下、横浜駅まで歩いて帰る途中だった。城定秀夫監督の『恋のいばら』が今日で上映最終日だったので、間に合って良かった。もう十五年は使い続けている古いｉＰｏｄからはティグラン・ハマシアンが右耳にだけ流れてくる。イヤフォンの左耳は数日前に聴こえなくなってしまった。イヤフォンを買い直しても本体のｉＰｏｄが一体あとどのくらい動き続けるかわからないので、無駄になるかも、と思い、じゃあいっそ最後まで何もかも古いままでいこうと決めたのだった。どんよりした空からは今にも雪が降り出しそうで、視線を上げると建設中のビルが視界いっぱいに広がる。

「見て。五階とか十階とか窓に大きく表示してあるね」

話している人たちの指さす先を私もつられて思わず眺めた。赤い大きな風船のようなものが窓の外を行ったり来たりしていた。お腹がすいている時に上を見ると目眩がしそうだった。諸星の開店は十六時半なので、まだ少し時間がある。お酒を飲む前にはできるだけ食べたり飲んだりしたくないので、デパートをぶらぶらして時間をつぶそうかとも思ったけれど、リュックサックにポメラを入れてきていたことを思い出したのでポルタ地下街へ行き、ジャン・フランソワでコーヒーだけ買った。席に座り、小説を少し書く。一行書いては消し、もう一行書いて首を傾げている内にあっという間に時間が経ち、結局ほとんど進まずにもう電車に乗る時間になってしまった。新子安駅の改札を出て踏切を越え、諸星の前に着くとちょうど大将が暖簾を掛けているところだった。紺地に白で「福祝　市民酒蔵　諸星」とぴしっと染め抜かれているここの暖簾を初めて一人でくぐった時に緊張して背筋が伸びたことをいつも思い出す。大将に「どうぞ」と通してもらい、店内へ。ずらりと酒瓶の並ぶ棚の前に年季の入った木製の長い対面式カウンターテーブルが置かれ、コロナ前はここに知らない人同士が向き合って座っていた。今、私たちはカウンターの片側だけに座り、棚に一面びっしりと貼ってある美しい字で書かれた短冊を眺める。

「お飲み物どうしましょう」

少し迷ってから、バイスサワーをお願いした。夏頃に来た時にメニューにあったカンパリホッピーがとても美味しかったのだけれど、今はないそうだ。「通年置いて欲しいってお客さんもいたんですけど、今はカンパリを切らしていて」とのこと。さっぱりと苦くて夏にごくごく飲むのには本当にぴったりの飲み物だったけれど私も通年あってもいいと思う。今年の夏はまた飲みたい。うの花とカキフライを注文し、バイスサワーを飲む。店内奥の高い位置に置かれたテレビを見上げると大相撲中継が放送されていて、そういえば諸星に来る時はいつもこうして大相撲をぼんやり見ているなぁと思った。前に来た時は確か翔猿が負けていた。今日はどうかな、と思っていると続々と一人客が入ってきてカウンター席に座り、注文を始めた。そのうちの誰かが

「タコの唐揚げと、あと串カツ」

と言い、

「あ、今日タコないの？　じゃあポテトフライ」

何の迷いもなく揚げ物ばかりを注文する彼に心の中でいいぞいいぞと盛大な拍手を送った。大衆酒場に行くようになって、特に好物ではないけれどここに来なければ食べないだろうなというものを敢えて食べる機会が増えた。食べてみて「美味しい！」と驚くこともあるし「やっぱりそんなに好きでもなかった」と思うこともあって、でもそれはどこで食べるかにもよるし、一度食べてみないことには始まらないので何でも食べることにした。二十代中頃まで刺身を食べることが極端に少なかったので、魚の種類もあまり知らなかっ

たし、今でも切り身がずらりと並ぶとどれがどれだか怪しいことがあるけれど、食べて「不味い！」と思う魚はないしアレルギーもないので二十数年もの間、刺身を食べなかったことが本当にもったいなくて取り返すべく今、せっせと食べている。なので、外食する時は「あれもこれもあっちも食べたい（大体茶色い揚げ物ばかり）けれど、せっかくだから生ものも一つ」という選び方をしていて、心の底から食べたいものだけを食べる、ということが実はあまり無い。いつかたっぷりと揚げ物に次ぐ揚げものばかり食べる日というのがあってもいいな、とタコ唐串カツ男性の声を聞いて思った。うの花とカキフライを食べ終え、豚バラチャーシューとアジの刺身、ハイ辛サワーを追加して、翔猿が勝つところを今日はしっかりと見届けた。

やきとり 戎 ［西荻窪］

西荻窪の本屋ロカンタン（二〇二三年二月閉店）に納品に行くので、良かったらその辺りで飲みませんかと友人に連絡した。

「南口のごちゃっとしたところで飲みましょう！」

と返事をもらう。西荻窪は行く度に気になるお店がどんどん見つかるので同じお店に足を運ぶことがなかなかできない。美味しくてまた来たいと思ってもまだまだ美味しいお店があるんですよ、と言われてしまう。南口を出てすぐ右のあたりというのはぎゅうぎゅうに店が建ち並んでいてすごく面白いので、ロカンタンに行く時は必ずここをぐるっと一周してから向かうことにしている。だから、「ザ・西荻といえば戎ですよ」と友人からLINEが来た時に、「ああ、あの！」と思った。昼から、営業していて店の外にもずらりと座席が並び、どこまでが店なのかよくわからないほど、とにかく横も向かいも戎なのだ。大きな焼き台がどんとある周りは、長年ここが大好きで通い詰めている人たちの憩いの場なんだろうなぁと思いながら、貼ってあるメニューを眺めつついつも急ぎ足で通り過ぎていた。

夕方、待ち合わせた友人とロカンタンに行き、納品を済ませ、丁寧に店内を一周するつもりが、出窓のところに並べられた食べ物関係の本を集めたコーナーが大好きなのでいつもどうしてもそこにまず吸い寄せられてしまう。アンソニー・ボーデイン『キッチン・コンフィデンシャル』を手に取ると、

「それは面白い本ですよー」

店主の萩野亮さんが後ろでにこにこしているのだった。『クックズ・ツアー』と合わせて二冊を購入。会計を済ませて、

「今日はどこで飲むんですか」

萩野さんに聞かれ、友人と顔を見合わせて
「戎です！」

と元気よく答えた。冬の日が暮れる早さに背中を押されるようにして名残惜しいままロカンタンを後にした。駅まで戻り、到着した南口の戎は、賑わっていたけれどまだ満席というわけではなかった。友人によれば「戎は席数も多いし、西荻はわりと遅めスタートな人も多いんじゃないでしょうか。あとお店もたくさんあるし」とのこと。

「いつかここに来たらイワシのコロッケを食べよう、と決めていたんです」

私の言葉に、彼女は大きく頷いた。

「いいですね。食べましょう」

私は赤星を、友人はレモンサワーを注文し、イワシコロッケの他に煮込みや串などそれぞれ食べたいものを注文用紙に書いていく。あれもこれも、あ、これもなど言いながらふと店の奥を見ると、トイレの入口の壁に「ドアは閉めてください」と貼り紙がしてある。

「え？　開けたまましちゃう人がいるってこと？　酔っぱらって？」

俄然興味が湧いて、その後トイレに向かう人がいる度にちらちらと観察した。もちろん開けたまま用を足してしまうわけではなく、トイレから出る時にきっちりドアを閉めないと少し開いてしまうというだけだったのだけれど、なんだか妙にその貼り紙が気に入って、自分がトイレに行った時は、心をこめてドアを閉めた。本の話や友人の推しの話などを楽しく聞く。

「はー、なんだか久しぶりですね」

笑いながら、運ばれてきた煮込みも串もすべてすぐにどんどん食べた。煮込みに七味を振っていい？　と一緒に食べている相手に聞く瞬間が好きなので、それを言いたくて煮込

みを人と食べているようなところが自分にはある、と気が付き、それは新しい発見だった。楽しみにしていたイワシのコロッケは、

「どう分けるのが正解？　尻尾に沿って縦だと思う？」

友人に聞きながら、ほっくりと半分に割り、割るなりむしゃむしゃと頬張った。

ホルモンつる屋［鶴見］

ホルモンつる屋を初めて見つけたのは、鶴見の別のお店で一人で飲み、帰宅前に例のごとくぷらぷらと散歩している時だった。大きい道路から一本入った住宅街の中にぽつんと赤い提灯が光っているのを見つけて近寄ってみるとそこはとても小さな立ち飲み屋で、覗いてみると中は人でいっぱいだった。人気なんだなぁと思い、店の名前と開店時間をメモしただけでその日はおとなしく帰った。後日、友人を連れて開店時間の十七時半を目指して近くまで行ってみたのだけれど、見つからない。グーグルマップで見てみると近くまで来ているはずなのに提灯や暖簾がまだ出ていないせいか、まったくわからなかった。

「酔っぱらって幻を見たのかもしれない」

友人の不安を煽りつつ、諦めきれずにうろうろしているとふいにガラス戸が開き、マスターが暖簾を掛けているのが見えて走り寄ったのだった。

久しぶりにつる屋のレバーが食べたくなり、そうと決まれば、とその日観に行こうと思っていた映画も取りやめ、昼間は家でひたすら原稿を書いていた。今、書かなければいけないものが三つあり、資料は手元にとっくにあるからもう始められるのに、いや、まずはあちらを片付けないとどうしてもまだこっちには取りかかれない、という変な思い込みのせいでエンジンがかからず苦労しながらぱたぱたとポメラを打ち、白湯ばかりをごくごく飲んだ。曇って風が強い日で、ベランダに干したユークのズボンやYシャツが大きく揺れる度にその布の冷たさを想像して内臓がぶるりと震えた。夕方になって冷えて乾いたその洗濯物を取り込み、猫たちが寝ているソファの毛布の下に温めた湯たんぽを入れた。

「じゃあちょっと行ってくるね」

開店五分前につる屋の前に着き、マスターがカウンターの中で作業しているのを見てほっとする。あと少しであのカウンターに立ってトマトハイと串と煮込みを注文できるのだと思うと俄然気分が良くなった。今日一日、大した成果もなく、ポメラの充電ばかりが減っていったように思っていたけれど、なんだか全部大丈夫なような気になった。

「中、どうぞ」

マスターが暖簾を出し、提灯をかけて中へ通してくれたので、入口脇の冷蔵庫からトマトジュースの缶を取り出してカウンターに置き、トマトハイをお願いし、後ろの壁に貼ってある短冊を眺める。今日は、レバーとはらみ、たんさがり、それから塩もつ煮込みだ。

隣に来たお姉さんたちに
「美味しそうに食べるねぇ」
声をかけられ、「えへへ、どうも」と乾杯する。美味しそうに食べるというのは別に私の特技でもなんでもなく、ただただ口の中の食べ物が素晴らしいというだけなのだけど、
私はそれをまるで自分の手柄か何かのように
「だって美味しいですからね」
とつい胸を張ってしまうのだ。

鮮魚料理 角吉［白楽］

その日は夕方から雨の予報だった。祝日と土曜日に挟まれた金曜日、ユークが有休を取ると言うので、じゃあ夜はどこか食べに行こうかと話し、

「何を食べたい？　もつ？　魚？」

「白楽がいいな」

とのことだったのですぐに角吉に電話をかけた。

「武塙です」

名乗ると電話の向こうで大将が、笑う。

「あぁ、武塙さん。この前はどうも」

つい先週末にも友人二人とお邪魔し、生ワカメしゃぶしゃぶと大きな明太出汁巻き玉子六切れ、カニクリームコロッケを三個に黒はんぺんフライ、最後は雑炊までたっぷりと食べて浴びるようにビールや日本酒を飲み、

「あ、雪やんだやんだ！」

とよろけながら帰ってきたばかりだった。その前に近所に住んでいる友人に初めて連れてきてもらった時もお店を出ると雨から雪に変わっていたし、角吉に関しては今のところ私は完璧な雨女だ。ユークとは白楽の改札口で待ち合わせの予定だったので、ポメラを持って少し早く家を出てブックカフェはるやへ行った。はるやは東急東横線白楽駅東口から本当に約八十歩で到着する。面白いので、行くたびに白楽の改札口からお店までの歩数を数えている。窓際の席に荷物を置き、コーヒー焼酎の水割りをお願いした。J-WAVEが流れているので、家にいる時と似ていて落ち着くし、大きな窓から線路沿いの道を歩く人たちが見えるのも楽しくてリラックスして文章を書くことができる。しばらく小説を書いてから、ユークとの待ち合わせ時間になったのでずっと気になっていたしおたにまみこ『たまごのはなし』を購入して外に出た。「まだ誰も落ちたことはないけど、でも武塙さんは落ちそう。気を付けてくださいね」という店主の小檜山想さんの言葉に笑いながら外階段を降りた。散髪してすっきりしてきたユークと合流して角吉へ。ビールとホッピーと刺し身盛り合わせと青魚の紫蘇巻き、生ワカメしゃぶしゃぶと明太出汁巻き玉子を注文した。向かいの壁のテレビを見ながら早速お刺身に箸をのばす。

「じろちゃん、いきなりまぐろ?」

ユークのびっくりした声が面白かった。

「生ワカメしゃぶしゃぶもそろそろ終わりかなぁ」

大将がやって来て
「はい、どうぞ」

と卓上コンロと鍋をセットしてくれる。生ワカメを出汁に浸した時にさっと変わるあの鮮やかな緑色。こんな綺麗な色、他でなかなか見ないよね、と話しながら、楽しくて次々とワカメを食べた。この季節にはこの店のこの料理を食べたい、というのはとても贅沢な願いだなぁと思う。また来年も美味しいですねぇとたくさん言える日々でありますように。

「ご馳走様でした」と外に出ると、雨がやんでいた。

須賀乃湯［上板橋］

夕方、ときわ台の駅前で友人と待ち合わせた。本屋イトマイへ『酒場の君』の納品に行くので「一緒にプリンを食べませんか。良かったらその後に飲みましょう」とＬＩＮＥを送ると「行きましょう」という返信がすぐにあった。確かあのあたりには行ってみたかったお店があったはず。スマホでグーグルマップを見てみると、須賀乃湯が出てきた。Instagramから予約のＤＭを送ると「何か気になることがございましたらお気軽にご相談ください」というとても丁寧な返信をいただき、それだけでもう「ああ、ここは絶対に良いお店だろうな」と思った。

火曜日の夕方、本屋イトマイのカフェスペースはほぼ満席に近く、私と友人はそれぞればらばらの席に座ることにして、小声で「じゃあ十七時頃まで」と囁きあった。店主の鈴木永一さんに『酒場の君』を渡し、ほっとする。書店に直接納品に伺う時は、とても緊張して「お待たせしました」とか「今回もよろしくお願いします」とかほんの少し話す内にあっという間に口の中が乾き、頭痛がし始める。いつどこのお店に行ってもそうなのでもしかすると緊張のあまり呼吸をし忘れているのかもしれないと思って深呼吸をしてから席に着いた。プリンとコーヒーを注文し、机上に並んだ本の背表紙を眺め、庄司薫『ぼくが猫語を話せるわけ』が気になったので抜き出して少し読む。祖父の書斎にも母の本棚にもそういえば庄司薫の本があったなぁと思い、あれは赤だったか青だったかとしばし考え、思い出せなかったので諦めた（ちなみに後からわかったことだけれど、赤も青も合っていた。『赤頭巾ちゃん気をつけて』と『ぼくの大好きな青髭』だったのだ）。本屋イトマイのプリンは硬めでキャラメルはぎゅっと濃くてほろ苦く、プリンの上のさっぱりとしたクリームもとても美味しい。週に一度はこれが食べたいなぁと思いながら友人の方を見ると、真剣な表情でプリンをすくい、今まさに口に運ぼうとしているところだった。

「プリン、美味しいね」

冬に二人とも見ていたドラマで使われていた手話をしてみせると、友人はなんとも微妙な顔をした。十七時を過ぎたのでイトマイを出て上板橋方面に歩きながら、

「さっきさ」

と話しかける。

「さっきプリン、美味しいねって手話したんだよ」

「ああ！　プリンが歯に染みるかと思いました」

目を丸くして友人が言うので吹き出してしまった。

予約していた時間ほぼぴったりに須賀の湯に着くとハキハキした店員さんがすぐに奥の席に案内してくださり「やっぱり気持ちの良いお店だなぁ」と思いながら赤星の中瓶をお願いした。

「あ、大瓶もありますよ」

私たちは、嬉しい気持ちでもちろん大瓶を選んだ。瓶と一緒に冷えたワインクーラーを「これどうぞ！」と渡していただき、瓶ビールでワインクーラーなんて初めて用意してもらったねぇと興奮しながら写真を撮った。いつもなら大瓶でもなんでもビールが目の前にあればすぐにがぶがぶと飲んでしまうのだけど、きりっと瓶を冷やしておいてもらえることがなんだか嬉しくて、いつもより少しだけゆっくり味わって飲む。注文したのは、ポテサラ、パクチーきゅうり、ホタルイカの酢味噌和えとまぐろ中トロミックス、コーンのかき揚げ、煮込みなど。煮込みは、白味噌ベースでこってりして見えたけれど、食べてみるとあっさりでぷるぷるしていてとても美味しかった。

「本日のおすすめ、見えにくくてごめんなさい。なんでも言ってくださいね！」

私たちに声をかけつつ、入口の戸が開けばその音ですぐにくるりと振り返って

「いらっしゃい！」

と楽しそうに常連客を出迎える店員さんがいて、何を食べても美味しくてこんなお店が近所にあったら、毎日通いたくなってしまう。上板橋は良いところだなぁとパクチーサワーをお代わりしながら、私は何度も呟いた。

山女や［松本］

松本に滞在する時に泊まるホテルは決まっていて、私はそのホテルの旧館の部屋が大好きだ。決して広くはない部屋で天井には太い木の梁が何本か通り、窓のそばの壁には傾斜がある。体の大きい人には少々狭く感じるかもしれない。けれどその部屋の窓にかけられた白い薄いカーテンを開けて見下ろすと道の向こうには私の大好きな角打ちがあり、遠くには山々の連なりが見える。日が暮れて山の稜線だけがぼんやりと浮かび上がってくるとまばたき一つすることさえもったいないような気持ちになる。山に囲まれたこの場所でしばらく暮らしていつかすべての季節を見てみたい。

今回の松本滞在では山女やへ行こうと決めていたので、事前に電話で予約をお願いし、その時に対応してくださった雰囲気も温かくとても楽しみにしていた。十六時に開店してすぐの8オンスでワインを二杯飲み、山女やを覗いてシェモモや四柱神社のあたりをぐるっと散歩してから十八時ちょうどに店の前に戻った。暖簾の上に掲げられたどっしりとした木の看板には「山女や」と彫られ、その上には少し小さく素人料理という字が並んでいた。家庭料理というような意味なのだろうか、でもやきとりだしなぁ、謙遜かな？　と思いながら暖簾をくぐると中にはどんとひとつコの字のカウンターがあり、内側に大将がにこにこ立っている。

「さ、なんにしましょう。今日は」

　隣を振り返るとユークもにこにこしている。なんとユークは昨日も山女やで夕食を食べたのだそうだ。

「だから、今日はぜんぶじろちゃんが好きなものを注文していいからね」

　とのこと。なるほど、と頷いてひとまず瓶ビールを注文し、壁に並んだお品書きを眺める。

「もつ煮とセリのおひたしをください」

　そうお願いしてから、手元の注文用紙には、若どり、レバー、とりかわ、筍の木の芽和えと書いた。

「春だねぇ」

　カウンターの奥の方からそんな声が聞こえた。仕事終わりらしいスーツ姿の男性二人が言う。

「大将、うちもセリね。一人一皿ずつちょうだい」

いいねぇと思いながらカウンターの反対側を見るとそちらに座っているお客さんたちも手をあげた。

「セリをください」

「みんなセリだね」

ユークに小声で言うと、私の左隣に座っていた男性まで、

「こちらにもセリを」

と言ったので、どんどん楽しくなってきて私は小さく足踏みをした。みんなセリを食べる店。そして運ばれてきたセリはあっさりした出汁がとても美味しく、確かに一人一皿さくさくあっという間に食べてしまえそうだった。続いてテーブルにとんと置かれた葱たっぷりのもつの煮込みは、赤味噌で仕上がっていてふわふわでこんにゃくにもみっちりと味がしみている。

「とろとろだ。なんにも臭くないしすごく美味しい」

ユークにすすめると、少し食べてから
「美味しい！　でもじろちゃんが好きなだけ食べていいからね」

と言うので遠慮なくすぐにお皿をこちらに引き寄せてもりもりと食べ、串のシシトウ肉巻きとささみ梅しそも追加した。その時、がらりと入口の戸が開いて一人旅らしい外国人の男性が入ってきた。カウンター内の大将がすぐに気付いて、

「すみません、今日はいっぱいなんだ」

と頭を下げると、彼は頷いてお店を出て行った。歩いていてたまたま通りかかり、良さそうだなぁと思ったのだろうか。旅先で地元の店に一人でいきなり入るというのは国内でも海外でも何度挑戦してもとても緊張することだから、彼がどれくらいドキドキしながら戸を開けたかまではわからないけれど、せっかくだからここで何か美味しいものを食べてみて欲しかったなぁと思った。

少し前に渋谷の居酒屋で友人と飲んでいた時にやって来た外国人の二人は、うなぎの寝床のように細長く狭くかつとても混雑した店内に面食らったようで、入口で立ち止まってしまっていた。友人が、

「予約はしていますか」

と声をかけると、彼らは首を振った。

「もし良かったら明日の夜に空席があるか聞いてみましょうか」

友人が言うと女性の顔がぱっと耀いた。店員さんが翌日の空席を確認するのを待つ間に少しだけ話すと、彼らはポルトガルとウィーンからそれぞれやって来たそうで、無事に翌日の二十時の予約が取れるととても嬉しそうだった。帰り際、

「素敵な夜を」

と女性が私たちに向かって笑って手を振り、You, too. と返して、彼らの旅行が楽しい思い出でいっぱいになりますように、と思ったのだった。そのことを思い出しながら、さっきの一人旅の彼の松本滞在も良いものになりますように、と思い、それからさっと手をあげて五目飯焼きおにぎりを追加注文した。隣でユークがまだ食べるのか、と目を丸くしているのが見えた。もちろん食べますとも。

「サービスです、どうぞ」

ことりと置かれたお漬物もとても美味しく、私は次々とぽりぽり囓りながら、それにしてもどうして「素人料理」なんだろう、やっぱり謙遜かなぁなどと思い、次は何の日本酒を飲もうかと目を細めてメニューを眺めた。

献立帖

沢村貞子さんの『わたしの献立日記』をくり返し読んではそこに書かれた食べ物のことを想像してにやにやしていた私は、結婚して自分でも料理をするようになり、さっそく一冊のノートを献立帖と決めた。日付とその日の晩ご飯に作った物をさっと書きとめておくだけのとても簡単なものだが、結婚して十年経つ今も続けている。
例えば、ある年の夏の晩ご飯たちはこうだった。

八月十二日（水）
かぼちゃの煮物　エリンギと山芋の炒め物　こんにゃくの煮物　きゅうりとわかめの酢の物　茄子の梅焼き浸し　ごはん　ビール

八月十三日（木）
エリンギのめんつゆ和え　こんにゃくと鶏ひき肉の青唐炒め　ひじきと豆腐の和え物

ズッキーニとカニカマ、しらすのポン酢和え　かぼちゃの煮物　きゅうりとわかめの酢の物　たこ飯　ビール

八月十四日（金）
焼き鮭　きゅうりとわかめの酢の物　ししとうの煮浸し　かぼちゃの煮物　ごはん　ビール

八月十七日（月）
チキンカレー　卵とうめぼしとネギのスープ　ビール

八月十八日（火）
チキンカレー　きゅうりとわかめの酢の物　ビール

八月十九日（水）
蓮根と鶏ひき肉の炒め物　こんにゃくとししとうの煮物　油揚げネギ味噌詰め　茄子の

わさび漬け　ひじきと豆腐の和え物　ごはん　ビール

夏の週末はユークがパスタや麻婆豆腐やグリーンカレーを作るので、それ以外の平日で二人とも家にいる日の食事を私が担当している。ほとんど肉っけのないメニューで、野菜が中心だ。夏はとにかくきゅうり、あとかぼちゃもよく食べている。こんにゃくは必ず冷蔵庫に一つは入っていて、ししとうは、たぶんこの年ベランダのプランターで育てていた物だと思う。この週はめずらしく外食をしていない。暑くてひきこもっていたに違いない。とりあえずビールは毎日飲んでいる。といっても不思議なことに家にいる時に飲むビールというのは500ml缶をユークと半分ずつ、多くても350ml缶を一本ずつだ。一度外出してしまえば、大瓶のビールを二本も三本も飲んでそのあとレモンサワーやホッピーセットに切り替えて、最終的にすごく濃いコーヒー焼酎の豆乳割りを飲んでまたビールに戻ったり（その時点ですでに酩酊）するのに、家にいるとちっとも量を飲めない。というかそもそもそんなにお酒を飲みたい気持ちにならず、お茶ばかり飲んでいる。体がバランスをとっているのかな、と思う。

これは、ある年の冬の晩ご飯たち。

一月十八日（月）
水餃子　かぶと塩こんぶの浅漬け　菜の花のおひたし　三つ葉のナムル　ごはん　ビール

一月十九日（火）
肉団子黒酢あんかけ　蓮根のきんぴら　菜の花のおひたし　かぶと塩こんぶの浅漬け
ごはん　ビール

一月二十日（水）
豚汁　大根サラダ　ごはん　ビール

一月二十一日（木）
豚汁　アボカドナムル　ごはん　ビール

一月二十二日（金）

豚汁　はんぺんチーズ　ごはん　ビール

週の後半、怒濤の豚汁祭りだ。私は豚汁信者なのである。大根、人参、じゃがいも、ごぼう、舞茸、油揚げ、こんにゃくと豚肉。その他、冷蔵庫にもしあれば蓮根もいれるし、じゃがいもではなく里芋でもよい（剝くのがじゃがいもよりも面倒だからあまりしないけど）。肉や野菜を炒める時に少しだけめんつゆを垂らすのが気に入っている。そうやって大きな鍋に大量に豚汁を作ったらそこに生姜をこれでもかと擦りおろす。こんなに大量の野菜をたくさん食べることができる一杯を私は他に知らない。どんなにすり減った気持ちの時でも平日の夜にとりあえず温かい豚汁を食べればなんとか大丈夫になるような気がするのだ。だから少し疲れた様子のユークが「豚汁が食べたい」と言う時は、絶対に作ろうと決めている。

けれど不思議なもので、自分勝手に作るそこそこ美味しい料理ではどうしても満たされない部分というのがあって、だから私は酒場に引き寄せられていくんだろうなぁと思う。それかもしかすると酒場それぞれのおいしいものの味をうまいこと盗んで隙あらば自分のものにしてやろうと思っているのかもしれない。しかしこれまた不思議なもので
「あら、こんなの簡単よ。いい？　こうしてこうしてこう。これだけ」
などと女将さんに教えてもらっていくらメモして帰って真似て似たような物を作ってみても、それは全く別物なのである。あの場所と人と、供される器、一緒に飲むお酒。そういうものが全部揃ってできあがる奇跡のように美味しい食べ物が外の世界には溢れているので、やはり私はああ、飲みに行かなくちゃとそわそわし始めて台所で立ったまま さらさらと献立帖を記してはそれを雑に閉じるのだ。

ほていちゃん［渋谷］

渋谷で『レッド・ロケット』を観た。なんだこりゃという気持ちでいっぱいになりながら、雨の中を歩いて道玄坂の方へ向かう。一杯飲まなければもやもやし過ぎて電車になどとても乗れないというくらいどうかしている内容の映画だったので、十五時から飲めるお店を探して歩いていたら、めずらしくするりとほていちゃんに入れたのですばやく入口脇のカウンターに立ち、瓶の赤星を一本注文する。ほていちゃんは、立ち飲みコーナーでのみ瓶の赤星を注文することができるのだ。しかもとても安く。

「はい、どうぞ」

すぐに運んできてもらった大瓶からグラスにとととっとビールを注いで、泡が下がるのを少しだけ待ってもう一度今度はゆっくりと表面ぎりぎりまで注ぎ、それからグラスの中身を一息に飲んだ。その日最初のビールを飲む時、喉を通って胃に染みこんでいくその冷たい液体を確認できる最後のぎりぎりまで全神経を集中させるようにしている。食道をすべるように落ちていくビールを想像し、自分の体に「内側」が本当に存在しているんだな、と安心する。子どもの時、ディズニーランドのカリブの海賊かホーンテッドマンションで、海賊だったかゴーストだったかがジョッキのお酒を飲む場面があり、彼らががぶがぶ飲みこむ液体は透けた体の肋骨のちょうど真ん中を下へ下へとどんどん流れていってそれはとても恐ろしいことに思えた。そのせいかどうかはわからないけれど、大人になった今、最初の一杯を体の内側を確かめるように一気に飲み下すというのが私のルールになっている。

「わかめのかき揚げをひとつください」

手をあげて注文してから、もう一度グラスにビールを注いだ。あの海賊かゴーストたちのようにいつか肉体をなくしてもまだまだもっと飲みたいと私はきっと思うだろう。

浅見本店［阪東橋］

本屋象の旅に本の納品に行くのはとても楽しい。阪東橋の駅からすぐの横浜橋通商店街は、天井がアーケードになっていてこの時期はいつもＤｅＮＡベイスターズの応援ソングが大音量でかかっている。ここに買い物に来る人でベイスターズファン以外はいないんだろうか。いようがいまいが地元というのはそういうものか。右を向いても左を向いても野菜や肉や魚が溢れ、お惣菜もキムチもお菓子もたっぷりある。まだ入ったことのない立ち飲み屋や天ぷら屋なども何軒もあるし、アーケードはいつも活気に満ちている。飲めるたこ焼き屋さんは美味しかったし、通りかかるとなぜか必ずサーターアンダギーを買ってしまうたい焼き屋さんもある。いつかこういうところに馴染めるようになりたい。象の旅では、前回見かけて、あっこれは！　と思っていた大白小蟹『うみべのストーブ　大白小蟹短編集』を今度こそ手に取り、店主の加茂和弘さんと話しつつ店内を一周する間もずっと片手に持っていた。もうないかもしれないと思っていたのでとても嬉しい。象の旅は、ガラス戸を開けて店内に入った時にすぅっと良い香りがするのでそれをできるだけ吸い込みたくて意識して鼻呼吸をしている。

「では、また来ます」

最後にもう一度深く吸い込んでお店を出た。商店街に戻り、首都高方面に歩く。今日は楽しみにしていた角打ちの浅見本店へ。前回通りかかった時はちょうどお昼休みの時間帯でシャッターが降りていたので今日はその前に来ようと張り切っていた。浅見本店には二つ入口があり、左側から入ると酒屋、右側から入ると角打ちスペースでL字型カウンターが奥までぐっと続いている。カウンターには二、三人の常連さんがおのおのビールや酎ハイを片手に透明の小さなカップに入ったおつまみを食べ、入口のすぐ上に置かれたテレビを見ている。お店に入った瞬間こんなに一斉にあちこちから視線が飛んでくるのもめずらしいなと思い「おや、一見さんお断りかな」と一瞬身構えたけれど、なんのことはない、みんなその入口の上のテレビを見ているからなのだった。

「いらっしゃい。何にします」

カウンター内の大将から声をかけられ、壁を見ると黄色い紙にびっしりと書かれた飲み物の数々。気になるシークワァサー割りには四つの注文方法があった。
1　焼酎一杯　シークワァサー一杯

2　焼酎一杯　シークワァサー半分
3　焼酎半分　シークワァサー一杯
4　焼酎半分　シークワァサー半分

氷はビニール袋に入って別売りになっていて、「タンサンや水割りでお試しください」とも書いてある。

「えーと、焼酎半分シークワァサー一杯で、あとタンサンもください」

「はい、3番ね」

言うが早いか、大将は鮮やかな手つきでグラスにとととっと焼酎を注ぎ、小さなショットグラスにシークワァサージュースを入れた物と一緒にとんっとカウンターに置き、後ろの冷蔵庫から炭酸の瓶を取ってそれも横に並べた。

「あと、まぐろとたまご豆腐をください」

「はいはい」

今度は奥のおつまみ専用冷蔵庫からまぐろの入った小さなプラスチックケースを取り出し、チューブのわさびをきゅっと絞って醤油の小瓶と共にこれもまたさっとカウンターに。

「これを使ってください」

楊枝を一本まぐろに刺したらできあがりで、たまご豆腐はぺらりと透明の蓋をはがしてティースプーンで表面を軽く崩したところにたれをまわしかけ、

「はい、どうぞ」

と渡される。たまご豆腐は冷たくつるりと喉に落ちていくらでも食べられそうだった。

テレビのメジャーリーグ中継では、大谷と吉田が、すわ、直接対決か、という直前で試合が終了し、店内にはなぁんだ、というため息が漏れ、そして常連さんたちは野球終了を機に帰って行ったのだった。

「うちの店に女性一人なんて珍しいけれど、この辺はどうして？」

カウンターの上を片付けながら大将に聞かれ、私は慌てて口の中のたまご豆腐を飲み込んだ。

「商店街の近くに象の旅という良い本屋さんがあるんです」

自分のことのように自慢げに答えて、シークワァサー割りをごくごくと飲んだ。

中村屋［新小岩］

その日は朝から土砂降りだった。しかも私たちは、あろうことか乗るバスを間違えた。強制的に降ろされた終点の駅にはぽつりと一軒のマクドナルドしかなく、呆然と中でアイスコーヒーを飲んでいたら、たまたま空車のタクシーが一台、店の前を通り過ぎた。決死の思いで店を飛び出して行った友人がそれを止め、私たちはわらわらと乗り込んで叫んだ。

「中村屋に行ってください！」

「おやまあこんな雨の日に。もうね、わたしなんかは帰ろうとしていたところですよ」

運転手さんが目を丸くし、私たちはなんだかおかしくなってしまってげらげらと笑いながら中村屋まで連れて行ってもらった。タクシーの窓の向こうは煙ったような白い雨のせいで何も見えず、なんとか到着した中村屋は、建物の二階からパイプを通って大量の水がどうどうと地面に排水されていて、まるで遊園地の水を使った派手なアトラクションのようだった。どの駅からも遠くバスも乗り間違え、全身びしょびしょで到着したお店の戸を満身創痍の気持ちで開けると、店内はからりと気持ち良い明るさだった。大きなコの字カウンターが広がり、右側には数席の小上がりもある。壁には金宮焼酎の薄青いポスターが貼られ、お店のTシャツなども飾ってある。テーブルは綺麗に磨き上げられて、入口の脇に一枚だけ残った大きな板は、いろんな人の落書きだらけだった。

「あ、次元とルパンだ」

と言いながら、傘を畳む。

「いらっしゃい」

女将さんに声をかけられ、カウンター奥の方に案内された。

「雨、大丈夫だった？　こんな日にありがとうね」

私たちは頷きながら瓶ビールを注文した。

「やまかけと、ほうれん草のごま和え、あとはうど酢味噌和えもください」

そこまででひとまず一息ついていると、

「うちのアジフライ、すごく美味しいよ」

女将さんが言った。

「お刺身にできるヤツをそのまま揚げちゃうの」

そんなことを聞いてしまっては食べないわけにはいかない。アジフライも慌てて追加した。お代わりの飲み物はハイボールだ。

「あとはクジラ刺しもおすすめ。すごく新鮮だから」

それなら、とクジラ刺しもいただくことにした。ちらりと見ると向かいの常連さんはお皿の両端からぐいーっとはみ出た鰻を美味しそうに食べて、隣の人にもおすそわけしている。初めこそ、こんな雨だし人もあまり来ないのではないかと思ったけれど、あれよあれよという間に店内はわいわいと賑やかになっていった。運ばれてきたほうれん草のごま和えが黒ごまだったので嬉しくなり、きゅうっと甘いといいなあと思いながら口に運ぶ。そして届けられたアジフライは今まで見たこともないようなボリュームで分厚く、噛むとざっくざくと身が割れて熱く、今まで食べたどんなアジフライよりも美味しかった。

「でしょう」

女将さんが豪快に笑う。クジラ刺しは、てろりと赤く、飲み込むといつまでも肉の滑り落ちていったその跡が喉の中に胸の奥まで残っているような感触だった。

「肉が溶けるというのはこういうことか」

深く頷きながら、なのに
「クジラ、ちょっとだけバーナーで炙りたい」

と言ってしまい、「なんてもったいないことを」と周りをぎょっとさせてしまった。新小岩の夜は、雨がどんどんひどくなり、なのにいつまでもここにいられたらいいのに、と思うような居心地の良さだった。

赤津加［秋葉原］

「誕生日だから好きなものみんな食べていいよ」と言われた。雨の夕方で、秋葉原アトレの猿田彦コーヒーでぼーっと友達を待っていた。十八時に仕事が終わって十八時二十分には着けるからと言われていたので私もなんとなくぎりぎりに行こうと思っていたのに何故かちょっとずつ予定より早い電車に乗ってしまい、そしてこういう時に限って用事もあっさり済んでしまって、いよいよすることがなくなったのでカフェオレを飲んでいた。寒くもないのにホットカフェオレを注文し、隣のテーブルのヨーロッパのどこかの国の家族が地図やスマホを覗きながら何事か相談している様子を見ていた。テーブルには買ったばかりのくどうれいん『桃を煮るひと』を置いたまま早く読みたいのになぜだかページを開けず、薄いピンク色の桃を眺めながら、知らない家族たちの旅行の計画を聞いていた。

「おー」

片手をあげて現れた友人は

「知ってた？　秋葉原のアトレってここだけじゃないんだよ」

と言った。びっくりして思わず口が開いた私を横目に

「ま、麻衣子はこっちにいるだろうと思ったんだけど」

そう言うと友人はすたすたと歩き出した。今日は赤津加へ行ってみたくて予約を取ってあったのだ。がらりと戸を開けると、お客さんが多くとても賑わっていた。私は瓶ビールを頼み、鶏もつにこみと穴子の白焼きと鶏の唐揚げを頼んだ。お通しの枝豆は丁寧に両端を切って甘辛く醤油とにんにくで煮てあった。乾杯し、最近のお互いの話などをいくつか。隣のテーブルには六十代くらいの男女が座り、賑やかにお酒のお代わりをしていた。私のすぐ後ろの席はスーツ姿の男性三人で仕事の話をメインにしているようだった。私は友人の恋人の話を聞いた。その恋人は保護猫を一匹飼っているのだそうだ。初めて会った時、猫は警戒してベッドの下に潜ってしまったけれど二回目に会った時は手からちゃおちゅ～るを食べてくれたと言って友人は嬉しそうだった。いい顔をしていた。運ばれてきた鶏もつを食べる。柔らかい味で味噌によく合っていた。穴子の白焼きにわさびをちょんちょんと乗せて食べているとじゅわじゅわじゅわという音が聞こえて鶏唐揚げが運ばれてきた。

「あ、レモンだ」

二人して言う。

「レモンがありますねってどうしても言いたくなっちゃうよね」

『カルテット』という坂元裕二が脚本を書いたドラマの高橋一生を思い出すのだ。あれは名シーンだった。けれど結局、

「かけるよ？」

「うん」

という短いやり取りのあとに私たちは唐揚げ全体にざぁっとレモンを絞り、

「冷めない内に食べよ、食べよ」

と急いでぱりぱり口に運んだ。ぱりっぱりの皮と中の肉のジューシーさが程よく、絞ったレモンが爽やかに酸っぱかったので食べる度に口の中がきゅっとなり、そこにハイボールを流し込むのがまた楽しかった。

店を出ると、雨がやんでいた。

「ごちそうさま。どうもありがとう」

お礼を言うと、うんうんと友人は頷き、八月に休みを取って沖縄へ行くと言うので、コーレーグースを買ってきてくれと頼んで、改札口で手を振って別れた。

街角おさやん［川崎］

川崎の元祖立ち飲み屋の大好きな肉どうふが六月末で一時休止になると知り、その前に三回は食べに行けると思っていたらなんだかんだと予定が入り、あっという間に肉どうふ提供最終日になってしまった。十五時ちょうどにがらりと戸が開き、

「ほうじ茶割りでいいかな？」

という大将の言葉に頷きながらお店に入る。肉どうふとタコの唐揚げ出汁酢和えを注文し、運ばれてきた最後の肉どうふを噛みしめるようにして一口一口大事に食べた。いつかまたこの肉どうふを食べられる日がくるかもしれないし、そうでなくても新しい美味しいものもまだまだたくさん食べることができるだろう。それではまた、と挨拶をして店を出る。

もう一杯飲みたい、と思い、京急川崎駅の方へ向かった。時計を見るともうすぐ十六時なので、鶴見に行こうか大森の方へ出ようか少し迷ってからハッとした。川崎で十六時といえば街角おさやんだ。おさやんは川崎に数店舗ある焼き肉店で、他のお店はまだ入った

ことはないけれど、立ち飲みの街角おさやんは時々利用している。店内は狭く、焼き台のところに四名ほど立てるカウンターとその後ろに壁向きにこちらも五、六名ほど立てばいっぱいになりそうなカウンターがあり、壁にはシンプルなメニューが貼られている。開店直後のため、まだ誰もお客さんがおらず、店員さんは私を中に通して飲み物を聞くと手早く緑茶ハイを作り、

「炭、用意してきます」

と言い残して外に出て行った。裏の焼き肉店へ行くのだろう。壁の高いところにかけられたテレビからは、芸能人に関するあれこれが忙しなくひたすら流れていて、入口を振り返ると、小さく覗く空は曇ってはいるものの眩しい夕方の光が溢れ、通りを歩いて行く人たちはまだ仕事途中の人ばかりのようだった。時々「あれ、私ってなんだったっけ」と思う。どうして夕方の川崎の立ち飲み屋で炭が熱くなるのを一人でぼーっと待っているんだろう。気持ちが良いほど何もない。やらなければならないことも私でなければいけないことも。ほうと息をつき、緑茶ハイを飲んだ。

「串、どうしますか」

戻ってきた店員さんに声をかけられ、顔を上げる。

「ゲタカルビと合鴨ロースねぎまをください」

壁のメニューを見上げながら注文し、店員さんの発するもの（声とか存在感とか熱さとか匂いとか腕を動かした時にその動きに沿って流れる空気とか）で突然いっぱいになった小さなお店を見回す。お店がいきいきとし始めていた。

「お待たせしました」

お皿に置かれた二本の串は今日もとても美味しかった。ごま油におろしにんにくを溶いたたれが好きで、ちょいちょいとつけて食べる。まだ何かもう一本食べたかったけれど、今日はここまでにしておこうと店員さんを見ると、彼は大きなまな板の上で灰色のもったりとした物をすらりすらりと薄く切っていた。

「センマイですか」

なんとなく聞くと、彼は顔を上げた。

「はい」

ボウルにどっさりたまった細切りのセンマイは灰色でぶよぶよでぶつぶつしていてそれだけではちっとも美味しそうに見えないのに、でもお皿に盛られたセンマイ刺しがぱっと目の前に浮かんで見えて

「センマイ美味しそうですね」

と言った。

「はい」

店員さんは頷き、私は緑茶ハイとゲタカルビと合鴨ロースねぎま分の九〇〇円を支払って明るい川崎の街に戻った。帰りの電車の中では、ジョージ・オーウェル『パリ・ロンドン放浪記』の続きを読む。

秋田屋［大門］

今年二度目の劇団四季『ノートルダムの鐘』を観終え、続く素晴らしいカーテンコールに客席から立ち上がってひたすら拍手を送り、目尻の涙を拭うと大きく息を吸った。今日のメインイベントはもちろん観劇だが、その後どこで飲むかということも重要なのだ。カジモドの歌声をまだ耳に残しながら劇場を出て浜松町の駅に向かって歩き、改札を左に見ながら通り過ぎて、その後は東京タワーを見つめて一心に歩く。秋田屋はもう目の前だ。外にいくつか立ち飲み席もあるけれど、今日はもう満席になっていた。ということは店内ももうだめかもしれない、と思いながらさっと覗く。

「一人？　こちらにどうぞ。」

カウンターの真ん中の一席だけ奇跡的に空いていたところに通してもらえた。ほんの数秒後に現れたスーツ姿の男性は、

「ごめんなさい、満席だ」

と断られていたから本当にぎりぎりだったようだ。

「瓶ビールください」

とりあえずそう声をかけ、壁に貼られたお品書きを一応見る。秋田屋で食べたい物を頭の中でぶつぶつ繰り返しながらここ数日を過ごしていたので、それはまるで暗唱試験のようなものだった。

「さ、どうしましょ？」

女性の店員さんがメモを片手ににこにことカウンターに立つ。

「にこみとたたき、あと串は一本ずつでもいいですか？　レバーとかしらをたれでください」

一気に並べ、うまく注文できた興奮と店内の暑さで私の顔はさぞ汗でてらてらしているだろうなぁと思いながらビールをグラスに注ぎ、くっと一息に空けた。

秋田屋の煮込みには、牛もつにこみと牛もつにこみどーふという二種類があり、お豆腐ひとつにお肉多めなのがにこみ、お豆腐三つにお肉少なめというのがにこみどーふなのである。お肉もお豆腐も両方増し増しという一皿があってもいいのになぁといつも思う。美味しいから。たたきは、一人一本しか注文できないので必ず注文する。こりこりした軟骨の食感も美味しいつくねで、青海苔とたれの香りがたまらないので、ゆっくり食べるということが不可能で、運ばれてくるなりどうしてもすぐにぺろりと食べてしまう。店内が混み合ってきて表で待っているお客さんも見えたので、瓶ビール一本だけで帰ることにした。「新しょうが（谷中）」という魅惑的な貼り紙もあったのに、注文しそびれてしまったので次回は必ずそれも。そして秋田屋に行くのなら、劇団四季もまた観なければなぁと思いながら東京タワーに背を向けて歩き出した。

ほさかや［自由が丘］

「じゃあ十五時四十五分に改札で」

Sとそう約束はしたものの、もしかするともう少し早い時間のほうがいいかもしれないな、とぼんやり思った。ほさかやはいつもお客さんがいっぱいなのだ。しかしこの炎天下、十五分以上外に並ぶのはなかなかきつい。私はしばらく想像し、ベランダに差し込む凶暴な日射しを避けるようにカーテンを引いてエアコンのスイッチを入れた。今日も暑くなりそうだ。ポットにいっぱいのアイスティーを作って飲みながら、午後までしばらく原稿を書き、バスの時間に合わせて家を出た。

自由が丘の北口を出てほさかやの前に着くと私はなんと一番乗りだった。昔はもっとわんさか人が並んでいるイメージだったけれど、最近はそうでもないのだろうか。持ってきた中村安希『食べる。』を読む。中村さんがエチオピアでインジェラを食べるところだった。黙々と読む。気が付くと十六時で、Sが到着する前に、開店して中に通されてしまった。

「すみません、連れがあと二、三分で着きます」

　店員さんは嫌な顔一つせずコの字カウンターの一番奥に一人分空けて隣に私を座らせてくれた。何年か前に来た時よりも若い店員さんが増えた印象だ。コの字カウンターは向かい側の人と割と近めで二十人も入ればいっぱいになりそうな店内である。おしぼりときゃべつの浅漬けをさっと置いてもらったのでひとまず瓶ビールの大を一本注文してSを待つ。浅漬けに山椒の粉をぱっぱっと振り、グラスにビールを注いでくっと飲んだ。周りを見ているとお客さんたちは、串のひととおり（からくり、きも、ひれ、かしらの四本全部）を頼んでいる人もいるし、好きなものだけ二本くらい注文する人もいる。お酒はビールの小瓶からスタートする人が多いようで最初から焼酎という人もいた。カウンター内に水を張った大きなバケツのようなものが置いてあってそこに瓶ビールが入っており、厨房から大きな氷をたくさん運んできてぐいぐいと瓶の間に差し込んでいた。どぶ漬けだ。どうりで瓶がキンキンに冷えている。浅漬けを食べているとSが来た。

「ごめんごめん」

　席に着くなり、さっと緑茶割りを注文した。からくりとかしら、あとはうざくとう巻きにしてあとから塩焼きかみそ焼きもいいなと思ってるんだけど、と言うとSはいいね、と頷いた。とりあえず串を二本ずつとうざくとうなとろ巻きを注文して、乾杯する。Sには私の作ったZINEの表紙作業をいつも手伝ってもらっているのでこの三年間連絡はしょっちゅうとっていたけれど、直接会って飲むのは本当に久しぶりだった。特に変わったところはない。子どもの頃からの知り合いというのはいくつになってもあまり変わらないものなのかもしれなくてそうすると死ぬまでこんな感じなのかな、とふいに思った。運ばれてきたからくりとかしらをそれぞれに山椒や七味につけ、みしりみしりと噛み砕きながらぼんやり店内を見回す。ここはとても落ち着く場所だ。ちょうどよく放っておいてくれる感じ。どうぞ、と渡されたうざくは、子どもの頃はあまり好きではなかったのにいつの間にか大好物になり、ばくばく食べられるようになった。小皿のうざくでは足りないなぁと思いながら、一緒に運ばれてきたうなとろ巻きにちょんとわさびを載せる。

「塩焼きもいこうよ」

いいねとSが笑った。鰻屋で二人で並んで飲めるようになるなんて嬉しいし、やっぱり少しは大人になったのだ。

花葉根［野毛］

桜木町のブルク13で、ユークと『インディ・ジョーンズと運命のダイヤル』を観た帰りだった。

「すごく美味しかったお店があるから一緒に行く？」

と聞くとユークが行きたいと言ったので、花葉根に予約を取っておいた。花葉根にはメニューがとてもたくさんあっておすすめ料理には☆マークがついている。最初お邪魔した時は、すべてその☆マークから注文し、全部美味しかったので満面の笑みで帰宅した。

私たちは観たばかりのインディ・ジョーンズについて感想を言いながらやかんに入っている抹茶割りをお互いのグラスに注いでぐいぐい飲んだ。運ばれてきたジャンキーポテトフライに舌鼓を打ち、

「カツオのたたきも食べよう。それからゴーヤちゃんぷるーも」

と次の注文をする。花葉根の店員さんは割烹着を着てきりっとしていて、けれどとても優しいので常にこちらに目を配っていてすぐに替えのお皿を準備してくれる。スーラーご

ま担々麵を食べ終えて、グラスで注文した麦茶割りまで飲み干すとそろそろ帰る時間だった。名残惜しさは、次回の訪問を楽しみに待つために一番必要なものだと思っている。

「じろちゃん、帰ったら『タイラーレイク2』をNetflixで観ようよ」

ユークの声に頷きながら、私は野毛の大好きな通りを歩いてユークに案内して歩いた。

「ここを歩くとエクス・アン・プロヴァンスの賑やかな夜を思い出すんだよ。音楽があちこちから流れてきてみんな外にテーブルを出して楽しそうに飲んでいてさ。似てない？」

そう聞くとユークは首を傾げて困ったように笑った。ユークには、ここはどうしたって野毛にしか見えないのだろう。野毛からなら電車でもバスでもすいと家まで帰れる。懐かしい南フランスの広場とは程遠い桜木町駅前の週末の酔っ払いたち。それでもなんだかここは愛しくて、地下道への階段を降りながら私は、振り返って最後に今夜の明るい街をもう一度眺めた。この街でお酒を飲むのが大好きだ。

大衆割烹　藤八［中目黒］

仕事の打ち合わせがあって一時間遅れるから先に飲んでいて、とYから連絡があった時、私とPは目黒通り沿いの一階にある華やかなバーを、ガードレールに腰かけながら眺めているところだった。大人のクリームソーダという大きなポスターが貼ってある。ラムとかワインを使っているのかな。今日、私たちが行くのはそのビルの二階にある大衆割烹　藤八である。エレベーターを降りると斜め奥の左側に引き戸があり、開けると「いらっしゃいませ！」という元気な声と共に大きな黒い犬が現れた。ツァッツァッツァッという爪の音と共に颯爽とやって来て、私とPの匂いを嗅ぎ、にこっ（としか表現しようのない完璧な笑顔）を見せてからまた奥へ戻っていった。

「初めて会った！」

藤八に来たことは前にもあったけれど、その時はまだこたちゃんはいなかったのだ。会えるかなぁと楽しみにしていたので入口まで挨拶に来てくれるとは思わず、とても嬉しかった。Yを待つ間、私とPはそれぞれ赤星とアサヒの大瓶を飲むことにした。

「大瓶だけど大丈夫？　それぞれ飲むの？」

店員さんに聞かれ、はいと答えると、

「いいね」

と、店員さんはにっこりした。藤八は壁一面に貼られた短冊を眺めるだけでもう楽しい。お通しのスパサラを食べながら、とうもろこしの唐揚げと腸詰めを選び、時々ちょこちょこと見回りにやってくるこたちゃんに呼びかけてみたりする。こたちゃんはお迎えの時よりは完全にクールな対応だったけれど、すいっとテーブルに寄ってはその黒い鼻先をちらりと見せてくれたりするのだった。お店は混み合っていて、後ろのテーブルは会社の飲み会のようだった。この前、何かのドラマの同期会のシーンを見ていて「まずは生ビール」と言った主人公の他はみんな自由にウーロンハイやカシスオレンジと言っていた。そういえば私も二十代の頃、仕事の人たちとの食事では常にまず生ビールを注文していた。そうすれば、ほぼ必ず他の人たちと一緒に飲み物が運ばれてくるからで、うっかり梅酒ロックなどを頼んでしまってそちらが上司の生ビールよりも遅く届き、先輩方のジョッキの泡が減っていくなどというのは目も当てられない惨事だった。コロナ禍で一度ああいう飲み会がなくなって、そろそろ復活しているのを見かけるけれど、そういう気遣いの塊文化みたいなものはどうなったのだろう。面白い。

私たちは、運ばれてきた腸詰めを、

「これこれ」

と言いながらきゅっきゅっきゅと噛みしめて食べ、自分で自分のグラスに好きなタイミングでビールを注ぎながら、一息で飲み干してはその度にしつこくふーっと言った。お酒を飲んでふーっと言うなんて滑稽だと子どもの頃は思っていたけれど、今は世界一かっこいいと思っている。とうもろこしの唐揚げは芯までからりと揚がっていて美味しく、Yが来る前に食べ尽くしてしまおう、証拠隠滅だと言ってがぶりがぶりと食べた。こんな風にPと二人でYを待つ夜というのは、割とよくあってそして大好きなのだ。

「すみません、瓶ビール二本お代わりをお願いします」

すいっと手をあげ、こたちゃんがまた来てくれないかなときょろきょろ探した。

大衆酒場　マルミ［武蔵小杉］

マルミは、入口からはちょっと想像できないようながらんと広い店内の店だ。入ってすぐ左にカウンターがあり、それはお客さん用の席というよりは、その中で大将や他の店員さんが作業をするためのスペースである。おでんを温めたり、串を焼いたりレモンサワーを作ったりする場所。でも入口に近いところには三脚ほど椅子もあるので、一人でマルミに行く時は、そこに通されるかな、と思うのだけど、そういうわけではなく一人でも広いテーブルに案内してもらえる。

川崎の映画館で『しん次元！　クレヨンしんちゃん　ＴＨＥ　ＭＯＶＩＥ　超能力大決戦～とべとべ手巻き寿司～』を観て幸せな気持ちで南武線に乗り、武蔵小杉で降りた。開店後すぐの十七時過ぎに戸を開けると、真ん中のテーブルにはすでにいくつか予約のプレートが置かれてあったけれど、大将は、

「どうぞ、好きなテーブル使ってください」

と声をかけてくださり、私は入口近くのテーブル席に座った。今日読んでいるのは沢木

耕太郎『チェーン・スモーキング』だ。その中の「信じられない」というエッセイが好きで二十代の頃から読む度に笑ってしまう。

「ご注文は？」

にこやかに聞かれ、お茶割りとじゃこ（いりこ煮干し）のハーフ、じゃがバターのハーフをお願いした。マルミのじゃこには小さなお酢のお皿がついてくるのでそれをざざっとじゃこにかけ回して食べる。まろやかになってしゃくしゃくしゃくしゃくしゃく延々と囓っていられるのだ。じゃがバターはハーフでもなんと丸々一個がほっくりと半分に割られて小皿にバターが用意されて運ばれてくる。バターを半分に割って、じゃがいもの熱々の断面に一つずつ載せ、一つにはぱらぱらっと塩を振り、もう片方にはお醤油をかけて、バターが溶けるのをしばし待つ。待ちながら「信じられない」を久しぶりに読んだ。沢木氏が職場でつけたラジオから、港をめぐる遊覧船のコマーシャルが流れ、それを聴いた彼はコマーシャルの中の「ノーマン・メイラーの短編を少し読んで、横浜港を一周しました」という台詞に引っかかる。遊覧船に乗りながらなんとなく読む本にしては、ノーマン・メイラーの短編というのは重すぎるだろう、しかも「少し」読んで？　といぶかるのである。二十代の私は、当時ノーマン・メイラーを知らず、その後しばらくしてから読んだ『死刑執行人の歌―殺人者ゲイリー・ギルモアの物語』で「はて、ノーマン・メイラーで横浜港一周？」とやはり首をかしげたのだった。そんな懐かしいことを思い出している内に、じゃがいもに載せたバターがとろりと溶け始めたので、信じられないことなど、とりあえず脇に置いておいて、私はほくほくのじゃがいもを心ゆくまで食べることにした。

忘れえぬ

ここ七年ほど、十年日記を毎日つけている。一日につき四行程度のスペースしかないので、どこで何をした、何を食べた、あとは観た映画や読んだ本のタイトルくらいしか書くことができないけれど、そのあっさりした感じが気に入っている。一ページに同じ日付についての十年分がまとまっているというのは、前の年やそのまた前の年、さらに五年前の同じ日に自分が何をしていたのかがすぐにわかってなかなか便利だ。たとえば、去年の今頃はもうベランダのプランターを掃除して春菊とルッコラとバジルの種を蒔いていたんだ、じゃあ今年も次の週末あたりだなと準備したり、家の各所に置いたごきぶり対策の薬をそろそろ新しい物と交換しなくてはと気付いたり、去年近所で開催されたペタンク大会が今年もまたあるなら見物しに行こうかなと考えたりするのにこの日記を振り返ることはちょうどよい。一か月ごとにその時の体重も記録してあるので、季節ごとにちょっとずつ痩せたり太ったりしているのがわかるのも面白い（夏は少し痩せ、冬にどっと太る傾向）。私たち夫婦には子どもがいないので毎年特に大きな変化もなく、読み返してもきっと退屈な日記になるだろう、と思いながら書き始めたものだったから、七年が経って面白いと感じたのは意外だった。書くスペースが少ないので、この日記帳に感情は書かないことにしている。幼馴染みと飲みに行って「嬉しかった」とか、ユークと喧嘩して「悲しかった」とかそういうことは省き、起きたことを淡々と記録しているだけなのに、字を見るとその時、自分がどういう気持ちだったのかをやけにはっきりと思い出す。字は、その時々で元気がなかったりひどく曲がっていたり、とても丁寧に書かれていたりするからだ。酔っぱらって帰った日の日記はやけに筆圧が強く、その翌日に二日酔いの場合は、たった一行「ひどい頭痛で一日何もできない」としか書いていなかったりする。一年で一番ひどい二日酔いの日というのを振り返って毎年「二日酔いオブザイヤー」というしるしをつけておくと飲み過ぎ防止のために役立つかもしれないと思いつつ、それはなんだか怖くて七年経ってもまだできずにいる。二日酔いのことはできればすぐに忘れたい。

二〇一七年頃から二〇二二年までは、その十年日記とは別にもう一冊、毎日をもう少し詳細に記している日記もあった。その頃の日記を一年分『諸般の事情』というタイトルで自分で本にしたのがきっかけで、数年後の今、こうしてエッセイを書いたり文芸誌に小説を連載したりしているのが本当のこととはとても思えず、時々これはひょっとすると夢かもしれないなぁと思う。明日の朝、目が覚めてこの数年間が全部とてもリアルな夢だったとわかってもそれはそれで幸せな夢だ。

　自分で本を作るのはとても面白かったので、その一年後に今度は、三か月ごとに一冊ずつ春夏秋冬で四冊の『驟雨とビール』『爽やかな茸』『白ねこ黒ねこ』『頭蓋骨の裏がわ』という日記の本も作った。この時はさすがに目が回るほど忙しく、どうしてこんなことを始めてしまったんだろう、と何度も思ったけれど、途中でやめるというのがとにかく嫌でなんとか一年を乗り切った。作った本を取り扱ってくださる書店が各地に少しずつ増え始めたことも大きかったと思う。コロナ禍で、なかなか実際に足を運ぶことができない場所にある書店にもいつか本を置いてくださったお礼を言いに行きたいと思うと頑張ることができたし、可愛いマスキングテープや一筆箋を買ってきてはそれらを使って本を発送することも楽しかった。とにかく濃い一年だったので一生忘れないだろうと思ったけれど、それでもあの日々のすみずみまでを瞬時には思い出せなくなってきた。そういう時、本棚の上段の端に並んだ色違いの四冊の日記を手に取ってぱらぱらとめくってみる。そこに書かれているのは確かに私の暮らした毎日で、読めば「そうそう、こんなことがあった」といつでも思い出すことができるのだ。日記を書くということは私にとっては、日々の補修作業だった。起きたことをすべて正しく覚えておく必要などなく、むしろそれらがするすると流れて自然に記憶から消えていかなければ、楽しいことも悲しいことも完全に容量オーバーだ。覚えておきたいことだけを大切にずっととっておくために一年間を書きとめていたんだなぁと理解した日のことを、日記を読んでまた思い出す。日々を支えてくれてありがとうという気持ちが少し、けれどここからこぼれ落ちた出来事は一体どこへ行ってしまったのだろうという寂しい気持ちも少し。日記は、書いた人それぞれにそっと寄り添ってくれる静かで賢い年老いた生き物のようだと思う。愛おしい。忘れえぬことごと。

月世界［渋谷］

地下鉄で渋谷に着いて地上に上がると土砂降りだった。雨が打ちつけるどどどどという強い音と雨に濡れた服や髪や熱くこもった地下街のむっとする匂いが溢れかえって、渋谷駅はすごいことになっていた。来月からロンドンへ行く友人の壮行会で火鍋を食べようと月世界を予約した。ここ数年渋谷で飲むこともめっきり少なくなって、月世界に行くのはかなり久々のことだった。店までの道順を思い出しながら買ったばかりの調味料などの入ったビニール袋をぎゅっとまるめて濡れないようにかばんの底に入れた。

「これいいんじゃない？」

Pが言ってスナックめかぶの袋を手に取った。つい数分前のことだ。

「いいね、それも入れよう」

Yがロンドンで使えてかつイギリス人に料理を振る舞う場合にも喜んでもらえそうな食材を私たちは地下のスーパーで選んでいた。八幡屋礒五郎のゆず七味は香りも良いし面白いかもとか、素麵だとスーツケースの中でばきばき折れちゃうかもしれないから短い温麵にしようか、など話しながら、本当は寂しくて仕方なかったのだけれど、でもやってみたいことを実際に行動に移すというのはすごく良いことだし、一番大事なのは私たちは絶対に何があってもYの味方だということだった。子どもの頃も今もこれから先も。

月世界まで向かう間に傘をさしていても体がかなり濡れて、店に入るなり私とPは声を揃えて叫んだ。

「ビールだね！」

店内はこじんまりとしていてスパイスの良い香りが溢れている。厨房からは強い火を扱っているのであろう勢いのある音と炒め物の良い香りが漂ってきた。以前はカウンター席の奥の棚に様々な果物や八角を漬けたお酒の瓶があったけれど、それらはもうないらしい。間もなく

「傘がなかった」

と言いながら私たちよりもっとずぶ濡れのYがやって来て、私たちはジョッキのビールを水のようにがぶがぶと飲み、麻辣火鍋とよだれ鶏、牡蛎の辛い煮込みなどを注文した。紹興酒を飲もうと言い出してからはとにかくひたすら紹興酒ばかりを飲んでいた。テーブルの上に置かれた鍋にはぷるりと白いゼリーのようなスープがどっさり入っていてそれが

溶けたら肉も野菜もどんどんぐつぐつ煮る。よだれ鶏は、昔は一口食べただけで頭皮から汗が噴き出そうに辛いと思ったけれど、今はもうそうでもない。

「このタレものすごく美味しいね」

PもYも私もぱくぱくとかつて死ぬほど辛く感じたよだれ鶏を食べた。鶏肉の下に敷かれているきゅうりを見つけて
「きゅうりあるよ」

誰かが言う一言さえ馬鹿みたいに面白く、私たちは素晴らしく楽しいことが始まるような高揚感に包まれていた。やがて火鍋のゼリースープがすべて溶けるとナツメやクコの実、ロンガンなどが鍋の底から浮き上がり、くるりと鍋をかき回して一口味見したYが頷いた。

「辛みをプラスしよう」

そうして運ばれてきた唐辛子が今までの人生で一番辛い唐辛子だったため、私たちは
「美味しい！　辛い！　美味しい！」

と言って笑いながら泣き出すとても迷惑な客だった。際限なく飲み続ける紹興酒と大きな鍋、たちのぼる良い匂いの湯気。そういう良い夜が時々ある。小皿のパクチーを注文して各自の取り皿にどっさりと盛り、肉や追加したたくさんのきのこをもりもり食べながら、

私はこの夜をきちんと覚えておこうと思った。用事があったことを思い出し、店の外に出て電話を一本かけてから店内に戻ると、温かな湯気のむこうでPとYが何か楽しそうに話していて、なに？　と席に着くと同時に、レモンが一切れ浮かんだ灰色の薬膳酒のグラスが三人分運ばれてきた。

「まだ飲むの！」

それでも私たちはもちろんその良い香りのするお酒をごくごく飲んだのだった。

岩手屋本店［湯島］

上野の松坂屋へ行くのはそういえば人生で初めてのことだった。勝手がよくわからないので建物に入ってすぐのエレベーターでとりあえず六階に向かった。今日は、町田尚子さんの原画展を観に来たのだ。エレベーターは古くとても綺麗だった。四つの丸いライトをつなぐようにして金色の装飾が施された天井をぼんやり見上げている間に催事場のある六階に到着し、そのまますーっと町田尚子さんの原画展にすいこまれ、そしてすべて見終わって出てくるまでに二時間かかった。どの絵もあまりに素晴らしかった。すっかり頭がぼうっとして遠野物語の『座敷童』の世界からなかなか気持ちが戻ってこないので、松坂屋を出て（今度は大理石の階段を下まで降りた。途中、踊り場には必ず二、三人の人が休憩していてそれぞれリラックスした様子が面白かった）しばらく歩き、まだオープンには少し早い飲み屋街をぶらぶら看板を眺めながら散歩した。十六時ちょうどに岩手屋本店を目指し、縄暖簾が掛かるのを見届けてすぐにがらりと戸を開け「こんばんは」と声をかけるとご店主がすっとあらわれて、席に通してくださった。カウンターはとても綺麗ですべすべしている。岩手屋で一番食べてみたかったまつもを早速お願いした。酔仙の樽酒を一合いただき、しそ巻きみそとみずのこぶのお浸しも注文。私の座ったカウンターの端の席は正面が厨房で、そこには小窓があり、手前に紺色の布がかけられているので中は見えないのだけれど、食べものの注文が入ると「はい」と声がして中でてきぱきと人が動く気配がわかった。紺色の布には宮沢賢治の「雨ニモ負ケズ」がプリントされていて、私は子どもの頃から、サムサノナツハオロオロアルキというところが好きだったなぁと思い出した。運ばれてきたまつもは、磯の香りが強い海藻で、ぱりぱりしていて美味しかった。

「お好きですか」

聞かれて、頷く。こういうものをぱりぱりぱりぱりずっと噛ってそして時々ちょっと火で炙ったりしたい。みずのこぶのお浸しというのは、緑色の茎の先にそれぞれ美しい緑色の粒がついていて、噛むとしゃくりと気持ちの良い音がした。秋の山菜とのことで、もっと苦みが強いのかなと思ったけれど、そんなことは無く、ひたすらしゃくしゃくと気持ちの良いお浸しだった。樽酒はお燗ではなくそのまま一合いただき、木の香りがしてとても美味しかった。テレビもラジオもついておらず、他にお客さんもいなかったので、私が『姑獲鳥の夏』のページを時々めくるぱさりという音の他に聞こえるのは、壁の古い柱時計のこちこちという音だけで、その音は子どもの頃、祖父母の家に泊まった時に布団を敷いてもらった和室で聞こえていた音ととても良く似ているのだった。しそ巻きみその味噌が甘くて美味しかったので、これは岩手の味噌ですか、と聞いてみたかったけれど恥ずかしくて聞けなかったので今度行ったら聞いてみよう。とても良い時間を過ごすことができた。

大衆酒場　かど鈴［新小岩］

秋葉原の総武線ホームには、憧れのスタンドがある。カウンターの上にずらりと貼られたビラは、すべて牛乳だ。東毛酪農というのは、美味しいはずだとうろ覚えの記憶を探る。少しだけお手伝いで働いた新百合ヶ丘のパン屋さんでは確かこの牛乳を使っていた。シェフが美味しいというのだからさぞ美味しいのだろうと思って、だぶだぶと使われるその牛乳をいつもじっと見ていた。

「クリーミーなのだとこの辺です」

友人の声に、はっと我に返る。

「じゃあこれをください」

カウンターの中の店員さんに言うと、ぴっぴっと手際よくふたを外しながら、牛乳の説明をしてくれた。

「こちら百八十円です」

すっとカウンターのこちら側に流すようにして渡される瓶入りの牛乳。お腹が強い方ではないので、全部飲みきれるか緊張したけれど、口当たりがあまりに柔らかかったので、目を見開いてごくごくと飲み干した。

「三分もかからなかったですね」

友人が言い、笑って瓶を店員さんに返してから、津田沼行きの電車が来るまでミルクスタンドの奥にあるガチャガチャコーナーを見に行った。

新小岩の駅は、前回来た時よりも人が多いような気がした。大きなアーケードの商店街があり、スーパーがいくつかと広いバス停。飲みに来ることしかないので、たとえばここからバスに乗ってどこまで行けるだろうなどと想像するととても楽しい。酔っぱらってしまったら、後は電車でまっすぐ帰るだけなので、知らない街から知らない街へいつか素面でバスで移動してみたい。

「ここです」

到着したかど鈴の前の細い道路には、植木鉢が一列にずらっとたくさん置かれていて、どれもきちんと緑色の葉がよく茂っていた。

「誰かが毎日お水をあげてるんですかね」

のんびり話しながら、店の前のベンチに座ってオープンを待った。まず初めに赤提灯が

灯り、そのあとに暖簾を掛けると
「お待たせしました、どうぞ」

と中に通してもらえる。店内はコの字が二つつながったWのような形のカウンター席になっていて壁にはメニューが書かれた短冊がびっしりと貼られている。大きな鍋の中では煮込みがくつくつと濃い色で煮えていて、それを見ると思わず「ふー」と息が漏れて笑ってしまう。

「ここにしましょう」

席に着き、友人は楽しそうに壁の短冊を見つめ始めた。

「煮込みと豆腐が一緒になっている重ネは食べましょう。あとは紅しょうがのかき揚げ。あと、ここの酎ハイに百円のモヒートというのをプラスするとライムとミントがきます。何が食べたい？」

一気に言うと、友人はもう一度面白そうに壁をぐるりと見てから、

「じゃあときゅうりの浅漬けを。それで私もモヒートにします」

と言った。パーティーが始まるような気持ちがした。店内はあっという間にお客さんが増え、私たちを含んだ三組ともみな紅しょうがのかき揚げを注文していたので、毎日ここ

に来られるようになったとして、いつか「今日は紅しょうがのかき揚げはいいや」と注文しない日が来たりするかなぁと思いながら、グラスの中のミントとライムを潰して飲んだ。お待たせしました、と運ばれてきた赤いカリカリの紅しょうがの山を見た友人がわあっと言い、バッグからカメラを取り出したので嬉しかった。後ろから聞こえてきた「八宝春巻き一つ」という言葉に私と友人の耳は同時に反応し、私たちも食べましょう！　と頷きあったのだった。かど鈴は、わくわくする。

みなと刺身専門店［横浜］

「今、戻りカツオがすごく美味しいよ」

友人の言葉を思い出してすっかりカツオが食べたい気持ちになり、じゃあ横浜へ行こうと決めた。カツオは二十代の頃はあまり得意ではなかった。けれど香川の友人の家に一度遊びに行った時に彼女のお母さんが車で高知まで連れて行ってくれて、市場の中にあるフードコートのようなところで色々美味しそうなものを買ってくれた時に、

「ちょっとカツオは食べられるかどうかわからない」

と恐る恐る口に入れたお刺身があまりに美味しくて、美味しい！　美味しい！　もっと食べたい！　とむさぼり食べて、お母さんに
「なんやかんやでようけ食べよるがな」

と笑われたことがあり、それからカツオは私の大好きな魚になった。

今、読んでいるのは柚月裕子『凶犬の眼』なので、私の目付きは普段よりもするどいはずである。眉間にぎゅっと皺を寄せて、私は狸小路の入口に立っていた。みなと刺身専門

店がオープンするのは十七時で、その少し前に店の前の路地に人が並び始める。十七時に行って入れなかったことは今までないけれど、でもすぐに店内がいっぱいになるので、少しだけ早く行ってお店の中を覗きながら待つことにしている。壁に貼られたお酒のポスターを見るのも面白いし、オープン前のお店というのはまだ幕が上がっていない舞台のようで、ちょっとよそよそしくて好きだ。店内は大きなコの字のカウンターになっていて、その中で大体三名の店員さんが、きびきびとお客さんたちに声をかけ、飲み物を作り、魚を切ったり炙ったりしている。奥の壁に大きなホワイトボードがかけられていてその日のメニューがびっしりと書き込まれているので、ホワイトボードの正面の位置に立つのが好きだけれど、奥の冷蔵庫前の席も、混んでくると飲み物調達を頼まれたりする場所らしいので興味深い。今日は並んでいた人があまり多くなく、十七時に入店すると皆それぞれ良い感じにばらけて行ってコの字のカウンターのおそらくそれぞれが好きであろうポジションに着いた。すぐに

「カップに書くお名前を教えてください！」

と聞かれるので、「武塙です」と答え、ホッピー白をお願いする。透明のプラスチックカップに油性ペンできゅっきゅと書いてくれたのは「竹花」さんで、竹の花の竹花さんと

いうのもなんだか可愛いなぁと嬉しくなって、私はすっかり凶犬の険しい眼のことなど忘れて、今日のホワイトボードに夢中になってしまった。

「なんにしましょう」

の言葉に、

「戻りカツオ刺と、天然真鯛炙りをお願いします」

お代わりする時は、はも炙りとほうぼう刺だと心の中でもう決めている。このお店に来ると、大好きで食べたいものはもちろんで、それ以外に例えば赤ホヤとか黒ムツ炙りとかあまり食べたことがないものでも食べてみたいなぁという気持ちになる。何しろカウンターの人たちはみんなすごく幸せそうな顔をしてそれぞれの魚を食べている。

「はい、カツオと真鯛炙りお待たせしました」

ことんと目の前に出されたお皿にテンションがあがり、

「はい！」

つい大きすぎる返事をしながら受け取ってしまった。

スズコウ［蒲田］

いわしを使ったメニューがたくさんあると聞いたのでとても楽しみにスズコウの予約を取った。ハロウィンの夜、蒲田駅東口は混みあっていて、でも思いっきり仮装している人というのは意外に少ないようだった。悪魔の角のカチューシャやカボチャの帽子を被った人たちの間をすり抜けて、横断歩道を渡る。『ＳＩＳＵ／シス　不死身の男』を観てきたばかりなので、守るもののためなら何よりも強くなるぞ、と息巻いていた。羊のようにもこもこしたよく走る可愛い犬は、主演のヨルマ・トンミラの本当の家族で、あまりにも人懐っこいので撮影中に敵役のナチス兵たちのところにも尻尾を振って寄っていってしまって何度も撮り直しになったらしい。最初から最後まで泥だらけの血だらけで戦い続けてぐったりしてしまう内容（でも最後にはスカッとする）だったので、そのほほえましいエピソードは素晴らしいと思った。待ち合わせの店には友人の方が早く来ていて、緑色の暖簾をくぐって戸を開けると入口からすぐの席にすでに座っていた。

「飲んでていいって言ったのに」

いやいやと首を振りながら友人はすぐに瓶ビールを二本頼んでくれた。壁を見ると、丸い額に入った『いわしの詩』が飾られている。スズコウに行く機会があれば是非読んでいただきたいのだけれど、その詩というのは「いわしはエイコサペンタエン酸というものを多く含んでいて、血管のつまる病気を予防します」というなんというかまああまり詩らしくないものなので、ふふふと笑ってそしてエイコサペンタエン酸とつい声に出して言ってしまうのだった。

「はい、お通しどうぞ」

女将さんがいわしと大根の煮物が入った小鉢をビールと一緒に持ってきてくださり、

「いわしの脂は体にいいの。嫌いじゃなかったら全部飲んでくださいね」

とにっこりしたので、すぐにぱくぱく食べ、ごくごくと飲んだ。いわしの刺身と揚げ盛りを頼む。刺身と一緒に出てくる頭と尻尾は、

「後で揚げてあげるから、このお皿に入れちゃってね」

と女将さんが言い、私たちはさっき飲み干したいわしと大根の小鉢にぽいぽいと頭と尻尾を入れた。揚げ盛りというのは、いわしのゴマ揚げと竜田揚げと香り揚げの三種類のことで、どれもさっぱりからっととても美味しかった。

「はい！　骨せんべい！」

茶色くじゅわっと揚がった骨がテーブルに置かれ、私たちは麦焼酎のお湯割りを飲みながら、

「美味しいね」

と目を丸くしてばりばりといわしを食べ続け、最後にはつみれ汁も飲んだ。

「香り揚げが一番好きだったかも」

そう言いかけて、

「ねぇ、いわしを食べて鬼になっちゃう話って知ってる？」

ふいに思い出して聞いた。鬼になるくらいいわしをたくさん食べてしまうのではなかったたか。聞いてから気付いたのだけれど、それはいわしではなくイワナだったかもしれなかった。そして「それじゃまた」と別れた帰り道で気付いたけれど、いわしだかイワナだかを食べてなってしまったのは鬼ではなく龍だったかもしれない。

田分一［名古屋］

劇団四季のミュージカル『ＣＡＴＳ』を観た後だった。季節はもうすぐ春になろうかという頃で日が暮れはじめて風はまだかなり冷たい。急ぎ足で通りを渡り、田分一の暖簾をくぐる。からりと戸を開けると、

「はい、いらっしゃい」

大将がにっこり笑ってくださった。

「予約の電話の際はお忙しい時に失礼しました」

頭を下げると、いえいえと大将は首を振った。予約の電話をかけた時、仕込み中だった大将はわざわざ鍋の火を止めて、上演後の四季劇場から田分一まではどう行くのが近いかを一緒に考えてくださった。

「すみません、大丈夫です。とりあえずいったん名古屋駅に戻ってみます」

あまりにも大将が一生懸命考えてくださったので、私は慌ててそう答えたのだった。

「さ、どうぞ、お好きな席に」

とのことで、ぐっと長いカウンター席の入口から一番近い場所に座る。

「前回いらした時はこのカレンダーはさしあげましたか」

大将の声に壁を見ると、大将が書いていらっしゃるというカレンダーがかかっていた。

「いえ。いただかなかったと思います」

そう答えると、十二月の頭だともうなかったかもしれないな、と大将が呟くので、

「今度、もう少し早めに来ます」

と言った。

名古屋での私の目的は劇団四季の『ＣＡＴＳ』を観ること、コンパルの海老フライサンドを食べることと、ここ田分一に来ることだ。美味しいお店は山ほどあるというのに一度一つのものを好きと思うとあとはどんなに良さそうなものがたくさんあっても私は同じものばかりが好きで、そういうわけで名古屋へ行くとどうしても田分一へ行きたくなってしまう。カウンターの上には今日も大皿が並んでいて旬の食べ物がたくさん載っていた。

「瓶ビールと空豆をください。それから穴子ときゅうりの酢の物。で、鶏むねとベーコンの炒め物と角煮もお願いします」

ついでに端に置かれた鍋をのぞき込みながら、

「これは何です？」

わくわくしながら聞くと、大将が、

「それは今から作るところ」

と吹き出した。

田分一の家庭料理は、優しい物語の中にいるような気持ちになるから好きだ。これらを日々食べてこの地で生きる人たちがうらやましい。瓶ビールを飲んでいると、二つ隣の席でお刺身を食べていた常連さんに
「どちらから？」

と聞かれた。

「横浜です」

「へぇ、横浜からわざわざここへ？」

大体聞かれることなので、大きく頷いて田分一さんはとても美味しいですから、と答えた。とても美味しいのはまあ確かだとして一体全体それだけで横浜から名古屋まで来るだろうか、という常連さんの不思議な顔を見るのがいつも面白い。居心地が良い。最後に頼んだ焼酎の水割りとたけのこの煮物も食べ終え、まだブロッコリーも食べたいけどなぁと

思っているとちょうど時計が十八時を回り、お客さんたちが増えてきたので席を譲ることにした。年内にはまた来たいと思います、と挨拶をして表に出ると、けれどやはりそこは普段とは違うまったく知らない街の夜なのだった。

赤垣屋［京都］

すっかり暗くなった鴨川に向かって並んで座り、コンビニで買ってきたホットコーヒーを飲んでいた。Wは、今日三回か四回目の「楽しい」をくり返しながらにこにこ川を見ていた。川面に両岸の灯りが映って、すべてが静かに揺れている。

「鴨川って思っていたよりも浅いんだね、というか薄い」

私が言うと

「薄い」

と繰り返してWは笑った。鴨川は、ぐっと力を入れたらぱりんぱりんと割れてしまいそうな繊細で美しいお菓子のようだと思った。平たくて不思議な、この世のものとは思えないお菓子が鴨川を一面に覆い、とっぷりと暮れた京都の街を流れていくところを想像した。遠くで誰かがギターを弾いて歌っている。

「あと十五分だからそろそろ行く？」

薄いシャツにウィンドブレーカーを羽織っただけでホテルを出てきてしまったので、体がすっかり冷えていた。この三十分くらいの間に川べりで二人で話した内容は、別にどうということもなかったのだけれど、なんだか妙に照れくさくてこれが京都（というか旅行）効果か、などと思いつつ、橋を渡った。目指す赤垣屋は、十九時の予約がすでにいっぱいでとれず二十一時にお願いしていた。歩いて行くと遠くに赤く光る赤垣屋というネオンが見えて、嬉しくなって駆け寄り、少し早く着いてしまった。

「いらっしゃいませ」

明るく迎えていただき、すぐに小上がりに通してもらえた。赤垣屋のカウンター席は予約不可なのだけど、いつか何日間か京都に滞在できるような時があれば、開店前からがっつりと並んでカウンター席に座ってみたい。そして大きなおでん槽のおでんだねを眺め、高い天井を見上げて熱燗を飲みたい。二十一時だともうなくなってしまっているメニューもいくつかあり、私とWは「じゃあこれはまだありますか？」と店員さんに聞いてはその度に「ごめんなさい！」と謝られてしまって「こちらこそごめんなさい！」と笑った。おでんは、蛸とちくわとこんにゃくと豆腐を食べた。牛肉のアスパラ巻きの牛肉があまりに甘くて美味しいので「むー！」と言っているうちに一皿あっという間に食べ終えてしまった。私たちの後から隣の席にやって来た女の子二人は楽しそうに、

「鯛のあら煮をください」

と注文し、運ばれてきたお皿の大きさに歓声をあげていた。私たちは、くみあげ湯葉が一体なぜこんなに美味しいのか、これはもう人知を超えているねと首を振り、なす田楽に箸を入れる瞬間の右手に伝わってくるじゅわりという感触をかけらも逃さず楽しむべく「しっ」と言って全神経を集中したりした。本当に素敵なお店だった。熱燗を飲んだおかげで体も程よく温まり、私たちはいよいよ今夜の〆である天津飯を食べるため、マルシン飯店へ行こうと席を立ち、ごちそうさまでしたと深々とお辞儀をしたのだった。ぴかぴかと光る赤垣屋の赤いネオンは寒い夜によく似合う。

津地八［鶴見］

「年末だしおかあさんのところへ挨拶に行こう」という話になった。鶴見駅の東口を出て、バスターミナルと京急鶴見駅を越え、細い道を二本進んだところを右に曲がってそのままずっと歩いて行くと、津地八の赤い提灯が見えてくる。津地八に初めて一人で入ったのは平日の十七時頃で、ちょうど開店したばかりだったため八席ほどのL字カウンターにはまだ誰もいなかった。

「こんにちは」

声をかけると、カウンターの向こうの厨房からひょいっと顔を出したおかあさんは

「あら、初めてよね？」

と言い「一見さんお断りパターンかな？」と一瞬身構えた私に、

「どうぞどうぞ、座って！」

ぱっと明るく笑ってくれた。その時に何本か注文した焼き鳥もすべて美味しかったけれど、津地八はとにかくそれ以外にも美味しい食べ物がぽんぽん目の前に並べられるお店だ。

あの日はちょうど常連さんのどなたかのお誕生日で、ちょうどお赤飯を炊いたんだけど食べる？　と聞かれて頷くとお茶碗にもりっとよそってくれた。食べ終わって、美味しかったですと言うと、おかあさんは
「良かった。好きだったら少し持って帰って」

と言ってプラスチックのパックにお土産分までたっぷり用意してくれたのだった。後日、

「すごく良いお店なんだよ」

友人のWを連れて行くと、Wもたちまちおかあさんの大ファンになった。

「麻衣ちゃん、Wちゃん」

おかあさんはいつも優しく声をかけてくれて、相変わらず美味しそうな小鉢をとんとんとんと並べてくれる。梅干し割りの何杯目かのおかわりの時に
「焼酎、薄めでください」

と言うと、

「えっ。それ本気？」

目を丸くして楽しそうに笑っていた。壁に貼られたおかあさんの似顔絵や写真はどれもとても楽しそうで、ほぼ毎日ここで夕食を食べているという常連さんたちも皆ユニークだ。

一人で一度に皮を十本食べる人もいれば、鶏肉があまり得意じゃなくて、とまったく焼き鳥を食べない人もいる（ここは焼き鳥屋なのに）。新規のお客さんははっきり言ってあまり来ないけれど、常連さんたちでがっちり固めているかというとそういうわけでもなく、偶然間違って足を踏み入れてしまった新参者にもなんだかんだと楽しそうに会話を始めてくれる。酒場というのは、つくづくコミュニケーションを取る場所なんだなぁと思う。


「あ、さっちゃんママ。これ良かったら」

駅前でWと一緒に買った果物の袋を渡すと、おかあさんは開けていた冷蔵庫のドアの向こうから顔を覗かせ、

「あらーありがとう」

とにっこりした。

「お湯割りと、とりあえずシソ巻きとかしらを二本ずつください」

カウンターの上の梅干しの壷を自分たちの前に引き寄せた。

「梅干し、好きなだけ入れていいわよ」

おかあさんがひらひらと手を振る。ほっこりと暖かい巣のようなこの店に毎日夕食を食

べに来る人たちにとって、ここでの食事はもう外食というくくりではないんじゃないかなぁと思う。ここはまるで気ままな大家族が暮らすひとつの家だ。

立ち飲み食堂ウルトラスズキ［馬車道］

午後少し時間がある日は裁判の傍聴に行く。十三時頃にふらりと横浜地方裁判所まで行き、手荷物検査場を抜けてエレベーターホール前に貼り出されたその日に予定されている裁判を眺める。大麻所持のケースが十四時から四階の法廷か、とか強制わいせつ事件が十六時からその隣の法廷だなどとそっと確認して、他の傍聴人や司法修習生、職員、弁護士と被告人などと一緒のエレベーターで、無言でなんとなくうつむき気味に法廷へと上がっていくのだ。そうして一つか二つ裁判を傍聴し、メモをとりつつ時折まったく別のことを考えたりしながら過ごした午後の最後に向かうことにしているのが、馬車道にある立ち飲み食堂ウルトラスズキである。ずっしりと重くなんともやりきれない気持ちに唸りながら店まで歩くことが多いのだけれど、初夏の頃は夕方の風も気持ちよく、ウルトラスズキに着く頃には、心なしか少し気分が軽くなっている。カタカナで書かれた大きな暖簾をくぐると、

「こんにちは」

といつもすぐに明るく声をかけてくださるのも嬉しい。店名としてはめずらしいという

かとても目立つウルトラスズキでは、なんと初来店の「鈴木さん」は一杯無料でレモンサワーをいただけるのだ。

「お連れ様のお名前は鈴木様ではいらっしゃらないですか？」

友人と一緒に行くと必ず聞いてくださるのだけれど、私が横浜辺りで一緒にお酒を飲む友人に残念ながら鈴木さんはいないのである。先日、やっと一人知り合いになった鈴木さん（鶴見で一緒によく飲む）は、面白いお店があるんだけど今度、馬車道で飲まない？と誘ったところ、きっぱりと

「私、ビール一択なんです」

と言っていた。

「あ、そっか。そういえばいつもビールですね」

答えながら

「お客様、お名前は？」

「鈴木です」

「では、良かったらレモンサワーを一杯どうぞ！」

「いえ、わたくしビール党なんです」

という悲しいやり取りが頭に浮かんできたので、ウルトラスズキには一緒には行かず、鈴木さんとはいつも鶴見でビールを飲んでいる。余談だが、前回その鈴木さんと二人で飲んで帰ったら翌朝、太ももの裏にぎょっとするほど大きな青あざができていた。腫れて椅子に座るのもいちいち痛く、しかも転んだ記憶はまったくない。

「私、昨日の二軒めでお支払いしてないですよね？」

鈴木さんにＬＩＮＥすると

「私も酔っぱらっていたから忘れちゃいました！」という絶対に全部おごらせてしまった返信がきたので、

「あと、ところで私、どこかで転んでませんでしたか。脚に大きな痣があるんです」

と送ったところ、ものすごく慌てた様子で

「いやだ！　何それ大丈夫？　でも本当に何も記憶がないの！」

と連絡があり、笑い事ではないけれど本当に覚えていないんだ、と笑った。

そんなわけで、まだレモンサワー一杯サービスを私は直接見たことがないのだけれど、ウルトラスズキには常に三十種類ものレモンサワーがあり、いつか全制覇するのも良いなぁと思いながら、私は大体「くさいレモンサワー」を飲んでいる。これがものすごく美味しい。

ウルトラスズキは、食べ物も美味しい。が、ボリュームも多いので、パテを食べてフライドポテトと生ハムと、オリーブも蝦夷鹿も、と次々頼んでいると、私の大好きなオムレツにはたどり着けずに終わってしまうことが多い。誰かと一緒に行く時は、必ず最初に「ここのオムレツすごく美味しいんだよ！」

とアピールするようにしているのだけれど、なかなかうまく食べられないのが不思議でならない。人をうまく誘導するには、みたいな本を読んだ方がいいかもしれないと最近真剣に考えている。というか、

「私は、オムレツを食べたいです。あなたは卵が苦手ではないですか？」

と聞けばいいだけかもしれないことに今、気が付いた。

たまたまうまいこと「オムレツいいねぇ」と言った友人がいて、念願のふわふわオムレツ黒トリュフソースを食べることができた日、お皿を下げにきた店員の鈴木さんがにっこりした。

「今日はオムレツ、召し上がっていただけましたね」

接客業をしている人の目と耳は、仕事中、きっとふだんの何倍も研ぎ澄まされている。

そろそろ何か追加のオーダーをしようかとスマホでＱＲコードを読み込もうとしただけで、

さっと現れて鈴木さんは言うのだ。

「よろしければお伺いします」

川崎の元祖立ち飲み屋の女性店員さんもそうだ。カウンターの中でこちらに背中を向けていても、私が飲み終えたほうじ茶割りのグラスをテーブルに置くその時に揺れる氷の音で、彼女はすぅと振り返る。

「お代わりですか？」

私が何も言っていなくても氷の音と私の表情だけでお代わりなのかお会計なのかをさっと見抜く。すごいことだと思う。

「フライドポテトの小とくさいレモンサワーと梅かっぱレモンサワーをください」

鈴木さんは、かしこまりました、と頷き、混み始めた店内をすいすいカウンターの方へ進んでいく。ウルトラスズキはいつも賑わっているので、奥にいらっしゃるシェフとマスターにご挨拶をしたことが私はまだない。いつか、美味しいオムレツとくさいレモンサワーのお礼をお伝えしたい。

岸田屋［月島］

岸田屋には一年に一度、春に行くと決めている。一年も経つと街のいろいろなことは変わる。もんじゃストリートの好きだった小さな煙草屋はいつの間にかなくなってしまった。その店の前で、自販機に並んだ美味しそうな味（キャラメルとかフルーツとか）の煙草を、吸わないくせに一通りじっくり眺めるのがとても楽しかったのに。

岸田屋で、私が一番好きな席はコの字になっているカウンターの端、厨房の入口の方ではなく、その反対の水槽がある側だ。その席に座りたいので、岸田屋には十六時過ぎの開店よりも少し早く行って並んで待つことにしている。店の前には待つ人のための木の丸椅子が数脚置かれていて、その椅子の脚には黒いペンで岸田屋と書いてあるのだけれど、岸の字が山本に見えるので友人と二人で「山本田屋……」とこっそり呟く。時間になり、がらがらとシャッターを上げて外に出てきた店員さんが

「お待たせしました」

と掛ける紺色の暖簾には白い字で大きく「酒　岸田屋」と入っている。見る度に、ああ、

暖簾は本当にお店の顔だなぁと思う。ここよりも美しい暖簾を、私はまだ知らない。店内のすべてはうんと年季が入っていて（創業は明治三十三年だそう）壁も天井もこっくりと甘い茶色に染まり、ぼんやりと柔らかな灯りに照らされる時、ここと似ているどこかをいつも思い出すのだけれど、肝心のそれがどこなのかがどうしてもわからず、ただ何かが懐かしくてぼーっと天井を見上げてしまう。そんな時、ふと右隣を見ると、綺麗に磨かれた水槽が光っていて、中には可愛らしいメダカが泳いでいる。

瓶ビールと牛煮込みのハーフ（ネギはつけますか？　と聞いてもらうのが楽しみ）、きゅうりとクラゲの酢の物を注文してから、水草に卵がついていないかとじっと見ていると、小さなメダカよりも更に小さい、人間の睫毛ほどの細さしかない赤ん坊たちが泳いでいることに気が付いた。

「この前、水槽をちゃんと洗っておいて良かったー。はい、ビールお待たせしました！」

店員さんがニコニコしながら瓶ビールとグラスを二つカウンターに置き、私は自分がいつの間にか水槽を凝視していたことを知る。

「ああ、すみません」

頭を下げ、それからそれでもやっぱりまだ気になって水槽を指差した。

「赤ちゃんがいますね」

「え、ほんと？　あらあらあら、どこ？」

つられて隣に座っていた友人も水槽を覗く。

「ことか、あとここも。よくおとなに食べられちゃわなかったですね」

店員さんが、笑顔のまま、けれど少し困った様子で「え？」と聞き返す。

「あのほら、メダカの卵って水草についていたら、孵化するまでその部分を別の容器に隔離するとかって、小学校の理科の授業で習ったような記憶があって」

余計なことを言ってしまった気がして慌てて説明しながら、隣で友人がビールを注ごうとしているグラスを急いで少し持ち上げる。

「そうだったかしら」

店員さんも友人も不思議そうな顔をしている。とととっ、と音を立てて冷たいビールがグラスに満ちていき、私もなんだかあまり自信がなくなって曖昧に首を傾げていると、ふふ、と笑って店員さんが、美味しそうな一皿をことんと目の前に置いてくれた。

「はい、煮込みハーフ。お好みで七味とどうぞ」

頷いて小皿にとりわけ、七味を少しだけふって一口食べた。

「ああ、美味しい」

そう言ってからしつこくまた水槽を見ると、そこにいたのはやけにひらひらと青く美しいヒレを持った魚だった。

「あれ？　これ、メダカじゃないね」

驚いて隣を振り返ると、こともなげに友人が言った。

「グッピーでしょ」

「え？」

「いや、メダカも上の方にいるけど。でも今、あなたが見ているそれはグッピー」

そう言われてみれば確かにこんなに光る長い背びれや尾びれを持ったメダカなど今まで見たことがない。なぜ私は何年も岸田屋の水槽にいるのはメダカだけだと思いこんでいたのだろう。

「じゃもしかしてこの赤ちゃんもグッピー？」

目を凝らしてじっと見ても魚の赤ん坊たちはやっぱりものすごく小さいので、グッピーなのかメダカなのかはわからなかった。わからなかったけれど、来年もまた春になったらここに座って水槽を見たいと思いながら、私はもう一度煮込みに箸をのばした。

おわりに

その日、私たちは新宿の池林房で飲んでいた。

「焼き鳥屋で絶妙なタイミングで出されるすなぎもみたいですよね」

隣で編集者のFさんが言った。それは、運ばれてきたばかりの穴子とおくらのとろろ蒸しを、私がほくほくと口に運んでいるまさにその瞬間で、お箸に挟まれて揺れる穴子に気を取られて彼の声がよく聞こえなかったので、一瞬口を開けたままぼうっとした。とりあえずその穴子を口に押し込み、ハイボールを一口飲んでから、ん？　という顔をしてみせる。

「武塙さんの文章です」

Fさんが真面目な顔をしてまた言う。

「すなぎも」

「そうです。武塙さんの文章の中には、どれも必ず読んでいると途中にぐっとくる箇所があるんです。それがすなぎもみたいだな、と」

話を続けるFさんを横目に、なるほどこの人はすなぎものことをとても好きなのに違いない、と思った。そして、すなぎもが美味しいところとくれば蒲田のあの店か、いや大井町のあちらかなと私はすぐに脳内飲み屋マップをぺらぺらめくりだす。そして突然、

「六番だ」

と、私は言った。

きょとんとするのは、Fさんの番である。

「CDのアルバムです。アルバムに入っている六番目の曲って、誰のどんなアルバムでも絶対いい曲だって、昔ずっと思っていたんです」

「へぇ。たとえば誰のアルバムですか」

なんともおかしな間が空いた。

「すみません。出てこないです」

途方に暮れるFさんを見て、私も頭がぼんやりしてきた。Fさんが言いたかったのは、武塙麻衣子が書くものの中には時折、まるで「すなぎものように」嚙みしめたくなる好きな文章が見え隠れしているということだ。それへの返しが、音楽のアルバムは六番が必ず良い曲ですね、ではないだろう。焦った。間違ったと思い、私は急激に舵を切った。

「そうだ。皮みたいっていうのもいいですね。カリカリの細くてくるくる巻いてある皮、福岡の焼き鳥屋さんにありますよね」

またしても言ってしまってから本当にすみません、と思った。今日のFさんは、初対面なのにきょとんとしてばかりだ。そして私が口を開くと、話がややこしくなるばかり。

せっかくすなぎもみたいな良い文章だと言っていただいたのだから、

「すなぎもは、最高ですよね」

と、ただ無難に返しておけば良かった。親切なFさんは、ポケットからスマホを取り出し、

「ええと、その皮の店は薬院のあたりでしたか……」

などと検索まで始めてしまう。

考えてみれば、私の人生はいつもそんなことばかりで、本当に人との会話のキャッチボールというものが下手なのである。

それでもおかしなことに私は酒場という場所が大好きだ。人と緩くつながることができる場所。つながらなくてもまったく構わない場所。ただ美味しいお酒を飲んでご飯を食べて、いただきますとごちそうさまを、声に出してきちんと言うただそれだけのことで、気

持ちがすっきりとする不思議なところ。

後日、件のすなぎもの話をXに載せたところ、

「武塙さんの文章は、ちょうどいい時に出される生チョコみたいだと聞いています」

と言ってすっと生チョコレートをテーブルに出してくださったのは、ウルトラスズキさんである。粋だ。

すべての酒場の君へ。

お気に入りの提灯の下、馴染みの暖簾をくぐって少しコツのいるガラス戸を開け、片手をあげて挨拶しながら店内へと入る。滑らかなカウンターに着き、それぞれの大将やマスターや女将からおしぼりや飲み物を受け取って、今日もなんとかやりすごしたこと、季節ばかりがあっという間に移ろっていくこと、でもだから旬の美味しい食べ物やお酒が今日もあるんだよねなんて笑って、たくさん食べてちゃんと帰ってしっかり寝て、そしてどうかまた明日も元気でいてください。私も、そうします。

本書は私家版『酒場の君』（二〇二三年）『酒場の君2』（二〇二四年）に書き下ろしを追加し、書籍化するものです。

武塙麻衣子（たけはな・まいこ）
1980年横浜市生まれ。立教大学文学部卒業。
客室乗務員、英語講師などの職業を経て作家になる。
日記ZINE『驟雨とビール』『頭蓋骨のうら側』など。
『群像』2024年6月号より小説「西高東低マンション」を連載中。

酒場《さかば》の君《きみ》

2024年9月3日　第1刷発行

著　者　武塙麻衣子
発行者　池田雪
発行所　株式会社 書肆侃侃房（しょしかんかんぼう）
〒810-0041 福岡市中央区大名2-8-18-501
TEL092-735-2802　FAX092-735-2792
http://www.kankanbou.com
info@kankanbou.com

編集　藤枝大
DTP　黒木留実
印刷・製本　モリモト印刷株式会社

ISBN978-4-86385-632-5 C0095